친밀한

적

친밀한 적

식민주의하의 자아 상실과 회복

개정번역판

아시스 난디 지음

이옥순·이정진 옮김

창비

프라풀라 날리니 난디

그리고 사랄라 난디에게

무력감을 선사하는 책을 만날 때가 있다. "어떻게 이런 생각을, 나는 언제…" 미셸 푸꼬의 『감시와 처벌』을 접했을 때처럼 이 책을 읽는 내 심정이 그랬다. 인도에서 박사학위논문 심사를 기다리며 우연히 읽은 이 책은 식민주의와 문화라는 비슷한 주제를 다룬 내 학위논문을 다시 쓰고 싶어질 정도로 많은 생각을 불러일으켰다. 하지만 나의 귀환을 7년이나 손꼽아 기다리신 어머니를 떠올리곤 그대로 귀국길을 택했고, 곧바로(1993년) 이 책을 번역하여 국내에 소개하는 것으로 아쉬움을 달랬다. 그리고 한참 뒤에 나온 『여성적인 동양이 남성적인 서양을 만났을 때』(푸른역사 1999) 『우리 안의 오리엔탈리즘』(푸른역사 2002) 등의 졸저에 이르러서야 이 책의 영향을 받아 역사와 세상을 다시 바라

보고 생각한 결과를 담게 됐다.

인도인 학자 아시스 난디의 『친밀한 적』은 나뿐 아니라 지구상의 많은 사람들에게 영향을 준 '일가견'을 가진 책이다. 1983년에 출간된 이 책으로 저자는 (의도하지 않았으나) 포스트콜로니얼 연구와 문화연구의 선구자로 여겨지게 됐고, 사회학·역사학·인류학 등 여러 학문과 소비적 세계화와 조직화한 폭력에 대한 반대운동 등 실천 분야에도 영향을 미쳤다. 이 책을 통해 비서구 출신으로 세계 지식인의 지도에서 자기만의 영토를 확보한 난디는 이후 문화이론가, 미래학자, 사상가, 정치심리학자, 인권운동가, 피억압자의 대변인 등 많은 별칭을 얻으며 인류의 미래를 위해 대안적 개념을 제시하는 이단자이자 예언자로 활약하고 있다.

심리학 학술지에 실린 두편의 논문을 엮은 『친밀한 적』에서 가장 주목할 만한 통찰은 서문에서 호명한 '두번째 식민화'라는 개념이다. 난디는 식민주의가 지구상에서 공식적으로 끝났어도 식민지배를 받은 사람들의 정신에 잔존한다는 새로운 생각을 내놓았다. 그가 사례로 제시한 인도는 1947년에 영국의 지배(첫번째 식민화)를 벗어났으나 지배자의 가치와 규범을 내면화한 엘리트들이 포스트콜로니얼 시대에도 식민주의 여파 속에서 살아가는 곳이다. 난

6

디는 그들에게 내재된 식민주의, 곧 서구지배자에게 봉사하거나 인정받은 서구 방식의 개념, 문화적 우선순위, 계층화, 지배적 자아를 '우리 안의 적', 곧 '친밀한 적'이라고 불렀다.

난디의 논리를 따르면 '친밀한 적'을 다정하게 껴안은, 식민지배를 경험한 나라의 엘리트들은 정신의 식민화를 겪고 있는 셈이다. 서구의 물리적 지배(첫번째 식민화)를 거부하면서도 정신의 서구화를 부정하지 않는 그들은, 서구 방식의 사유체계를 무비판적으로 받아들여 이에 지배당하고 혼란과 자기비하를 겪으면서 진정한 탈식민화를 방해받는다. 이 책은 끊임없이 지배자를 닮아가고 그 지배자와 대등하게 서고픈 피지배자의 콤플렉스와 정치적 행동에 연계된 심리적 면모를 인도의 다양한 문화변용을 통해 추적하며, 첫번째 식민화─정치적 지배와 경제적 이용─에 집중한 이전 연구 성과들과 확연히 구분되는 독창성을 보여준다.

난디는 먼저 이기적인 식민체제를 영속화하기 위해 지배자와 그 문화를 피지배자의 우위에 두는 계층화 그리고 그것을 정당화하는 정교한 식민주의 이데올로기를 분석한다. 그는 영국의 식민화가 성(젠더)과 나이의 정의를 통해 성인 남성을 자처하는 서구지배자가 어린아이나 여성에 해당하는 한수 아래의 미개한 인도인을 지배하여 문명개화한 서구세계에 편입하는 과정이었다고 밝힌다. 이러한 관념은 미성숙하고 비정상적이며 유아적 원시성을 지닌 비서구세계를 문명화하는 것이 백인의 몫이라고 여긴 영국의 대표 작가 키플링의 작품에 잘 나타난다.

영국은 근대 식민주의 이론에 부합하는 '남성다운' 남성을 칭송하면서, 서구지배자와 대등해져 서구를 극복하려면 서구적 가치와 남성성을 가져야 한다고 피지배자의 서구화를 부추겼다. 강한 지배자를 축출하고 싶은 한편 서구식 교육을 받은 인도 엘리트들은 서구의 근대성과 남성성을 찬양하고 전통적인 것을 유약하다고 폄하하면서 서구지배자를 모방했다. 문화보다 정치 중심의 역사 서술, 셈족 종교처럼 강한 힌두교의 재발견, 상무적 기질을 민족의 특성으로 미화하는 작업, 남성성의 존재 증명, 엄격한 젠더개념으로 유동적 젠더정체성을 왜곡하는 일 등 서구의 거울로 인도를 비추는 과정이 이어졌다.

식민지배자는 피지배자에게 식민체제에 대한 저항 모델도 가르쳤다. 지배자의 가치를 받아들여 그 틀에서 이뤄지는 피지배자의 저항은 언제나 지배자의 통제 아래에 놓일 수 있기 때문이다. 그래서 뱅킴찬드라 차터르지와 스와미 비베카난다처럼 영어에 능통한 강성 민족주의자들은 식민주의 세계관에서 차용한 가치와 규범으로 서구지배자와 대적할 수 있는 인도를 구성하려고 애썼다. 난디는 이처럼 식민지배를 지지하거나 저항한 사람들이 모두 서구지배자의 남성적 가치를 내면화한 점에서 정신의 식민화가 지속 가능해졌다고 주장한다. 서구적 자아구성이 인도를 식민주의와 서구로부터 자유롭지 않은, 희생자와 패자로 남게 한다는 것이다.

그러나 희생은 피지배자만의 몫이 아니다. 난디는 식민지배자를 식민주의의 기제에 갇힌 공동의 희생자로 파악하여 정치심리를 확장한다. 그에 따르면 영국지배자도 식민화와 피지배자를 억압하는 과정에서 지배사회로부터 정서적 억압을 받았다. 지배사회에서는 피지배사회를 여성적이고 나약하다고 경멸하며 남성적 가치를 우위에 둠으로써 자기 안의 섬세함과 여성적 측면을 상실하거나 식민주의적 생산성에 미달하는 여성과 노인, 아동을 무시하는 사회병리를 얻었다. 유연한 인도를 내면화한 자아를 부정하고 지배자답게, 사자와 싸우는 검투사처럼 씩씩하게 살려고 애쓴 키플링을 비롯한 여러 영국인들의 순탄치 않은 삶은 강자를 숭배한 식민주의 이데올로기가 준 상흔이었다.

그렇다면 식민주의 콤플렉스를 갖지 않은, 희생자의 패러다임을 뛰어넘는 사람은 없을까? 이 책에서 난디가 가장 공을 들여 설명하는 간디는 식민화하지 않은 인도를 대표한다. 난디는 과잉남성성을 추구하는 식민주의의 공격적 저항 모델을 거부하고 여성, 약자, 희생자, 어린이, 노인 등 식민지의 주변부를 역사의 영웅으로 만들며 독립운동을 펼친 간디가 식민지배자와 피지배자를 동시에 해방했다고 여긴다. 서구 근대성의 지배적 신화에 저항하는 반(反)신화의 주인공이 바로 간디다. 이를 통해 난디는 서구 모델을 따르지 않음으로써 그 보편성에 구멍을 낼 수 있는 보통사람들을 진정한 영웅으로 간주한다.

내가 보기에 평범한 그들은 흑과 백으로 명확하게 구분되지 않는 회색분자 같다. 전통적 인도를 대변하는 간디가 실은 서구 교육을 받은 '영국 신사'였던 것처럼, 보통의 인도인들은 이것도 아니고 저것도 아니지만 동시에 이것이며 저것일 수 있는 통합적이면서도 모든 것과 공존 가능한 인도문화의 특질을 갖는다. 난디는 위선적이고 비겁하며 타협적이고 모순적인 그들이 식민지 경험에서 인도를 살아남게 했다고 파악한다. 영국보다 먼저 인도를 정복한 이슬람 지배자들도 자신들의 문화를 받아들인 상층의 인도인보다 피아가 불분명한 보통 사람들을 더 두려워한 점을 기억하면, "모든 현상에 대해 고도의 정신적 변덕스러움"이 가능한 그들의 생존력에 주목할 필요는 충분하다.

물론 독자들은 난디의 주장에 동의할 수도 있고 동의하지 않을 수도 있다. 그러나 식민지배의 아픈 경험을 공유한 우리에게 그의 통찰과 인도식 생존법이 일러주는 의미는 작지 않다. 몸은 여기에 있으나 마음을 온통 저 멀리 서양에 둔 우리, 양복을 입고 유명 브랜드 커피를 마시며 서구 학문을 배우는 우리는 누구인가? 서구적 가치를 당연시하고 서구의 거울로 우리를 비춰보는 오늘날의 우리에게 한국적인 것은 무엇인가?

전지구가 하나로 수렴되는 세상에서 이런 질문은 어리석을지도 모르겠다. 그렇다면, 광복 70주년을 맞은 우리는 일제에서 심리적으로 해방됐는가? 총칼로 진행된 첫번째 식민화에 그토록 저항했으나 글로벌화라는 두번째 식민화를 적극적으로 포용하는 우리의 콤플렉스는 어디에서 기인하는가? 외국 문물에 대한 맹목적 선호(xenophilia)와 지각 없는 혐오(xenophobia)가 일맥상통한다고 일러주는 이 책을 읽으며 단선적 사고와 진영논리가 지배적인 우리 사회에 은근히 빗대보길 권한다.

2015년 7월
이옥순

일러두기

1. 이 책은 *The Intimate Enemy: Loss and Recovery of Self under Colonialism*, 2nd edition(Oxford University Press 2009)을 완역한 것이다.

2. 외국의 인명과 지명 등은 현지 발음에 따라 우리말로 표기하고 괄호 안에 원어를 병기했다. 단, 우리말로 굳어진 경우에는 관용을 따랐다.

3. 옮긴이가 독자의 이해를 돕기 위해 덧붙인 부분은 본문 안에 대괄호로 표시했다.

서문

알베르 까뮈(Albert Camus)는 언젠가 "우리 시대 특유의 기묘한 전도(顚倒)로 말미암아 순진성(innocence)은 스스로의 정당함을 증명하도록 요구된다"라고 쓴 바 있다. 〔『반항하는 인간』에 나오는 구절로서, 까뮈는 이 책에서 현대의 악이 여러 거짓 대의를 내세우며 죄 없는 자인 척하기에 희생자들은 외부의 권위에 의지하지 못하고 스스로를 변호할 수밖에 없다고 주장한다.〕『친밀한 적』에 실린 두편의 글은 근대 서구의 식민주의와 그로 인한 여러 심리적 현상에 맞섰던 인도의 순진성을 정당화하고 변호한다.

근대 식민주의는 군사적·기술적인 힘보다는 전통적인 사회질서와 배치되는 세속적인 위계질서를 창출하는 능력을 통해 위대한 승리를 거두었다. 이 새로운 질서는 다수에게, 특히 전통적인 사회에서 착취당하거나 궁지에 몰린 이들에게 새로운 삶의 전망을 열어주었다. 그들에게 새로운 사회질서는 보다 공정하고 평등한 세계를 향한 첫걸음으로 보였고, 바로 거기에 식민주의의 심리적 유인(誘因)이 있었다. 유럽과 (심지어) 동양의 가장 뛰어난 비판적 지성들이 식민주의가 야만적인 세계에 근대적인 사회구조를 도입함으로써, 비서구 세계를 비판적이고 분석적인 근대 정신에 눈뜨게 하리라고 느끼게 되는 것도 그러한 이유에서였다. 카를 맑스(Karl Marx)는—마치 '살해된 자의 해골에서 나온 감로주(nectar)가 아니면 마시기를 거부했던 무시무시한 이교도 신'처럼—역사는 아시아와 아프리카에서 억압과 폭력 그리고 문화적 혼돈으로부터 새로운 기술력과 사회 세력뿐 아니라 새로운 사회의식을 생성하리라고 예감했다. 그 같은 생각들은 비꼬(Vico)에서 맑스에 이르는 서구의 사회비판 전통이 비판적이라는 의미에서 비판적이었고, 데까르뜨 이후의 유럽이 합리적이었다는 의미에서 합리적이었다. 그리하여 무역사적인(ahistorical) 원시인들은 언젠가는 스스로를 자연의 지배자로, 따라서 자신들 운명의 지배자로 여기게 될 터였다.

　오랜 시간이 흘러서 2차대전이라고 불리는 근대 기술의 경이와 (어쩌면) 베트남전이라고 불리는 문화 간 대면의 여파 끝에 다른 인간을 지배하려는 충동이 그저 잘못된 정치와 경제의 부산물이 아니라는 것이 분명해졌다. 그런 충동은 비인간 혹은 인간 이하 존재들보다 인간이, 여성적인 것보다 남성적인 것이, 아동보다 성인이, 무역사적인 것보다 역사적인 것이, 그리고 전통적이거나 야만적인 것보다 근대적이고 진보적인 것이 절대적으로 우월하다고 믿는 세계관의 산물이었다. 인종학살과 환경 재앙 그리고 민족 문화의 말살은 세속적인 위계질서와 결합한 타락한 과학과 정신병적인 기술의 다른 면일 뿐이라는 사실 또한 점점 명백해졌고, 이제 주요한 문명들은 한낱 허울뿐인 일군의 의례 정도로 전락하게 됐다. 고래로 그 위력이 확인되어온 인간의 탐욕과 폭력은 세속적인 구원이라는 인간 중심적 교조, 진보·정상성·과잉남성성이라는 이데올로기, 그리고 과학과 기술의 누적된 성장이론을 바탕으로 그저 새로운 정당성을 마련했을 뿐이라는 것을 알 수 있게 됐다.

이런 인식 때문에 모든 사람들이 진보에 관한 이론을 포기한 것은 아니다. 그러나 그 인식은 과거의 식민주의 비판이 의거했던 오랜 보편주의를 마땅찮게 여기는 몇몇 사람들에게 확신을 주었다. 이제 근본적인 사회비판과 비근대적인 문화와 전통에 대한 옹호를 결합할 수 있게 됐고, 인간의 합리성과 비판적 전통의 다양성을 얘기하는 것도 가능해졌다. 마침내 우리는 데까르뜨가 이성에 대해서, 맑스가 비판적 정신에 대해서 최종적인 권위를 지니고 있지 않음을 인식하게 된 듯했다.

그런 인식은 비근대적인 문화에 대한 공격이 그 존립을 위협할 즈음에야 출현했다. 피로 얼룩진 20세기가 끝날 무렵 하나의 세계를 향한 19세기의 꿈이 이번에는 악몽이 되어 다시 나타났다. 그 악몽은 근대와 원시, 세속과 비세속, 과학과 비과학, 전문가와 비전문가, 정상과 비정상, 개발과 저개발, 전위와 후위, 이미 해방된 존재와 해방을 기다리는 존재처럼 반대항으로 정의된, 완전히 동질화하고 기술로 통제되며 완벽하게 위계화된 세계라는 끔찍한 전망으로 우리를 괴롭혔다.

그런 '멋진 신세계'(brave new world)에 대한 19세기적 발상은 우선 식민지에 적용됐다. 이런 비전을 품은 사람들은 식민지를 정복한 탐욕스러운 1세대 비적왕(bandit-king)들과는 달리 식민지에 도움이 되고자 했다. 그들은 선의를 가진 부지런한 중산층 출신의 선교사들과 자유주의자들, 근대주의자들, 그리고 과학·평등·진보를 믿는 이들이었다. 앞선 비적왕들은 아마도 다른 모든 지역의 비적떼처럼 약탈과 파괴는 물론 살인도 저질렀다. 때때로 그들은 문명화에 대한 사명감은 결여한 채로, 또 대개는 인간 이하의 존재라는 개념이나 인종에 대한 조악하기만 한 개념에 기반해 그런 악행을 일삼았다. 이를테면 그들은 그 나름의 중화(middle kingdom, 中華)와 오랑캐 내지는 순수와 비순수 혹은 이교도(kafirs)와 이슬람교도(moshreks)〔아랍어〕 내지는 문명인(yavanas)과 야만인(mlecchas)〔힌두어〕 같은 대립된 관념을 갖고서 타문명과 대면하리라고 예상됐고, 실제로도 그랬다. 한때 아무리 속악하고 잔인하며 아둔했다 한들 그런 형태의 식민주의는 패배에 직면해 있기에 이제는 두번째 형태의 식민주의로 관심을 돌려야 할 때다. 제3세계는 적어도 지난 여섯세대동안 두번째 식민주의를 해방의 방식으로 여기도록 교육받아왔다. 이 형태의 식민주의는 신체와 더불어 정신을 식민화했고, 식민화된 사회에서 문화적 우선순위를 영구히 바꾸는 힘을 발휘했다. 그 과정에서 근대 서구라는 개념을 지리적·시간적 실체에서 심리적인 범주로 일반화하는 데 기여했다. 이제 서구는 모든 곳에, 즉 서구와 서구 바깥에, 사회구조와 인간의 정신 속에 존재한다.

이 글은 주되게는 두번째 식민화와 그에 대한 저항의 이야기를 담고 있다. 그런 이유로 동시대의 정치 문제까지 다룬다. 결국 우리의 관심은 제국 종식 이후에도 살아남은 식민주의에 있다. 한때 두번째 식민화는 첫번째 식민화를 정당화했다. 그러나 이제 두번째 식민화는 그 기원에서 자유롭다. 첫번째 식민주의와 투쟁을 벌인 사람들조차 죄의식을 느끼면서도 두번째 식민주의를 받아들이는 일이 흔하다. 따라서 독자들은 이 글을 역사서가 아니라 경고를 담은 이야기로 읽어야만 한다. 이 글은 관습적인 반식민주의 또한 정신의 식민화에 대한 옹호가 될 수 있다고 경고한다. 이 글이 유럽의 몇몇 계몽주의자와 급진적 사회비판가들의 '왜곡된' 견해를 소개하는 것은 그것들이 같은 이야기에 속하기 때문이다. 그들은 (식민주의라는) 새로운 억압과 그로 인한 문화적 붕괴의 가능성에 대해 발언할 때는 대체로 그렇게 보이지 않았다. 같은 이유로 나는 몇몇 잘 알려진 반동적 인사들을 다수의 독자들이 만족할 만큼 악당으로 그리지는 않았다. 시간이 흐르면서 그들은 식민주의 희생자들의 무력한 혹은 의도치 않은 협력자들로 보이게 됐다.

이 책은 식민주의에 대한 심리적 저항이라는 관념을 진지하게 다룬다. 그러나 그러자면 몇가지 새로운 과제가 뒤따른다. 오늘날 '서구화'라는 용어가 경멸적인 의미를 띠게 되면서 보다 미묘하고도 세련된 문화적 동화수단이 재등장했다. 식민주의에 대한 순응 모델뿐만 아니라 '공식적인' 반대 모델 또한 제시되고 있는 것이다. 반식민주의 노선은 근대적 세계관이 '타당하고' '온건하며' '합리적'이라고 규정하여 장려하는 방식을 따르는 것이 가능해졌다. 그런 반대의 방식은 식민지배에 저항할 때도 예측가능하며 통제될 수밖에 없다. 또한 오늘날은 어떤 하나의 비서구(상)를 택하더라도 이미 그 모든 선택지 자체가 서구

의 구성물일 수도 있다. 그리하여 (카를 비트포겔Karl Wit-
tfogel과 에드워드 싸이드Edward Said의 논의를 함께 참조
하여) 오리엔탈리스트들이 주목한 전제군주가 되거나, 아
니면 (까뮈와 조지 오웰George Orwell의 논의를 함께 참
조하여) 혁명가들이 사랑하는 신민(臣民)이 될 수도 있다.
물론 이 선택이 마음이 들지 않는 이들에게는 쎄실 로즈
(Cecil Rodes)와 러디어드 키플링(Rudyard Kipling)이 그려
낸 고귀한 반(半)야만적 반(半)아동이 있다. (이 마지막 인
물유형에 견줄 때 큰 증오의 대상이었던 '갈색 사힙'Brown
Sahib〔사힙은 '나리' 또는 '주인'을 뜻하는 말로, 여기서 갈색은 토착
민을 의미한다〕은 '사힙'이라기보다 '토착민'으로 보일 것이
다.) 이 선택지들은 서구를 적대시하는 듯하지만 실상 서
구라는 승자에 대한 경의의 형식들이다. 우리는 프란츠 파
농(Frantz Fanon)의 서구에 대한 가장 맹렬한 비난이 싸르
트르(Jean-Paul Sartre)의 우아한 문체로 쓰였다는 것을 잊
어서는 안 된다. 서구는 근대 식민주의를 창안했을 뿐만
아니라 식민주의에 대한 대부분의 해석도 만들어냈다. 그
해석을 해석하고 있는 이 책도 그 영향에서 자유롭지 않다.

나는 서두에서 이 글이 순진성을 정당화한다고 말했다.
(외부 식민주의가 동원하는) 진보의 수사는 내부 식민주
의라는 사실을 활용하고, 그에 대응해서 내부 식민주의는

스스로를 정당화하고 영속화하기 위하여 외부의 위협이라는 사실을 활용하는 이 세계에서, 그 진술은 내·외부의 식민주의에 종속된 문화를 전복하려면 보다 자세하게 규명되어야만 한다. (그러나 동시에 이 세계에서는 이 두 형태의 억압 모두는 어느 한편을 제거하지 않고서는 다른 편도 제거될 수 없다는 인식이 확산되는 중이다.) 이 글에서 나는 정식분석학자 롤로 메이(Rollo May)가 말한 '진정한 순진성' 같은 개념을 염두에 두고 작업해나갈 것이다. 그 순진성은 어린아이의 연약함을 포함하지만, 악의 존재와 악과 자신의 연루관계를 인식하는 현실주의적 태도를 견지해왔다. 그리고 결국 식민주의를 물리친 것은 그러한 순진성이었다. 근대적 관점이 제아무리 세계사적인 흐름이나 자본주의의 내적 모순 혹은 식민통치자들의 양식이나 그들의 '자발적인 청산'(self-liquidation) 등에 공을 돌리고자 하더라도 말이다.

그러나 온유한 자들이 온유함만으로 세상을 물려받은 것은 아니었다. 그들은 여전히 보편주의라는 근대적 관념 바깥에 머무르던 전통적인 세계관 안에서, 서구를 적절하게 다룰 수 있는 벡터로 전환해줄 범주와 개념, 심지어 정신의 방어기제를 확보해야만 했다. 그중에서도 가장 먼저 필요했던 것은 희생자 측에서 구성한 서구개념, 즉 비서구세계가 겪은 고통의 관점에서 비서구인들에게 이해되는 어떤 서구개념이어야 했다. 세련된 학자들에게는 아무리 유치하게 보일지라도, 그 개념은 지난 두세기 동안 서구와 더불어 사는 어려운 방법을 배워온 몇백만의 사람들에게는 하나의 현실이었다.

모든 측면을 고려할 때 대안적으로 구성된 그 서구개념은 결국 그렇게 조잡한 것만도 아니었다. 끊임없이 서구를 닮도록 독려하고, 그렇게 획득한 서구적 자질을 발휘해서 서구를 이기고자 한 비서구가 있었던 반면, (앞서 말한) 비서구에 의해 구성된 서구개념은 서구의 다른 자아와 그 다른 자아와 동맹관계에 있는 비서구에게 충실할 것을 요청하는 것이었다. 또 서구인들을 서구인들의 경기에서 이기는 것이 근대화된 비서구에서 자기혐오의 감정에 대처하는 보다 인기 있는 방식이었다면, 식민주의자나 그 반대편 어느 쪽으로도 경기에 나서지 않으려 했던 야만적인 방관자에 의해 구성된 다른 서구개념 또한 존재했다. 나는 이 글에서 그 다른 서구들 역시 파악하려 한다. 그들의 서구들을 번역하고 논평하는 동안 그들의 이미지와 신화 그리고 환상이 은연중에 이 글을 물들이는 경우에도 나는 그런 현상을 내버려두었다. 왜냐하면 그것이 어떤 사회에서는 번역과 논평이 이루어지는 전통적인 방식이기 때문이다. 번역하고 논평할 때 자신의 내적 자아와 내면의 목소리를 충실히 따르는 것은 어떤 문화에서는 현실에서 이탈한 것으로 여겨질 수도 있지만, 다른 어떤 문화에서는 그렇지 않을 수도 있다. 적어도 이 사실은 서구를 단일한 정치적 실체로, 힌두교만을 인도적인 것으로, 역사와 기독교를 서구적인 것으로 간주하는 내 경향에 대해 내가 동원할 수 있는 유일한 대비책이다. 그중 어느 것도 진실은 아닌데, 그 각각의 항목은 모두 여러 현실을 포함하기 때문이다. 나는 이 책에 등장하는 여러 개념들이 모두 양면적(double entendre)이라고 간주하려 한다. 그것들은 한편으로는 식민주의 억압구조의 일부이지만, 다른 한편으로는 그 희생자들과 동맹관계를 맺고 있다. 그래서 서구는 단순히 제국주의적 세계관의 일부이기만 했던 것은 아니었고, 서구의 고전적 전통과 비판적 자아는 때때로 근대 서구에 대한 항의이기도 했다. 마찬가지로 힌두문화는 나이폴(V. S. Naipaul)이 얘기한 인도적 특성을 뜻할 수도 있었지만, 동시에 라빈드라나트 타고르(Rabindranath Tagore)가 구현한 인도적 특성을 뜻할 때도 있었다. 한때는 사소하다고 간과된 이러한 차이는 오늘날 생존의 단서를 제공하게 됐다. 특히 근대 서구가 비굴한 모방자와 찬미자뿐만 아니라, 써커스로 길들여놓은 식민지 신민들과 더불어 (그 용맹스런 모습에 감탄하는 카이사르 앞에서) 검투사다운 최후의 용맹을 과시하는 식민주의에 대한 저항자 모두를 만들어냄으로써 더욱 그렇게 됐다. 이 책에 실린 두편의 글은 지배적인 서구 자아의 다정한 포옹에 저항하면서, 대안적인 서구와 더불어 살도록 해준 서구개념을 구성한 방관자들(non-player)에 대한 찬가다.

그러므로 이 책에서 식민지 인도인들은 식민주의의 아둔한 희생자로만 머물지는 않는다. 그들은 억압에 저항하는 도덕적·인식적 모험의 참여자가 되고, 스스로 선택도 한다. 그들은 서구 속에서 대안을 골라냈던 정도만큼이나 그런 선택의 근거를 평가했고, 서구의 어떤 면에 대해서는 무죄를 선언한 반면 다른 면에 대해서는 유죄 판결을 내렸다. 아마도 서양은 부분적으로는 이런 지속적인 재평가 결과 하나의 문명으로 존속할 수 있을 것이며, 특히 그 평가가 얼마나 서구의 지리적인 경계를 벗어나는지가 존속 여부를 결정할 것이다. 반면 서구에 대한 표준적인 적대자, 즉 서구와 대결하는 이들은 그 적대적 수사에도 불구하고 지배적인 보편주의 모델 바깥에 있지 않다. 그들은—말하자면 정형화된 배역선정(typecasting)에 따라—장식적인 반대자로서 지배적인 식민주의 의식 속으로 통합됐다. 나는 근대성(과 때때로 식민주의라고 불리는 그 무장된 형태)의 희생자였던 방관자들, 즉 이 '단순한' 국외자들의 보편주의가 지난 두세기 동안 대중화된 보편주의보다 더 고차원적인 것이라고 생각한다.

따라서 나는 이 책에 실린 글들이 역사의 가치에 도전하고 그것을 부정하는 대안적인 역사의 신화기술(mythography of history)이라고 주저없이 선언한다. 이 가운데 내 글들이 식민주의하에서 평범한 인도인 심리의 핵심 양상을 포착하길 희망한다. 나는 역사의 수레바퀴에 낀, 잘 속아넘어가는 대책없는 식민주의의 희생자라는 인도인상(像)을 거부한다. 평범한 인도인들은 때로는 의식적으로 때로는 원래 모습 그대로 그 나름의 생존을 위한 투쟁을 벌이고 있는 것으로 보아야 한다. 나는 단지 자기모순적인 면모를 풍부하게 보여주는 그들의 세계관과 가정(assumption)을 명확하게 제시하고자 했다. 그들의 방식은 아마도 식민주의에 대한 합당한 투쟁은 어떠해야 한다는 우리의 생각에 부합하지 않을 것이지만, 그들이 그 사실에 신경을 썼을 것 같지는 않다.

그래서 이 책의 두번째 글에서는 바부(babu, 교육받은 인도인. 또는 영어를 사용하는 인도인 하층관리)조차 흔쾌히는 아니지만 그 나름의 역사적 역할을 인정받는다. 그들은 인도 사회 편에서 서구와 접촉한 후 서구를 가공했고 그 결과 서구를 소화 가능한 알약의 형태로 요약했다. 이들 자아의 희극적 측면과 위험한 측면 모두 백인 사힙들로부터 인도 사회를 지켰다. 심지어 백인 사힙조차도 그 피부색이 아니라 사회적·정치적 선택에 의해 규정되어야 할지도 모른다. 확실히 이 책에서 그들은 흔히 제시되는 것처럼 음모

26

를 꾸미는 열렬한 억압자가 아니라, 자신들이 깊이 헌신하는 역사의 수레바퀴에 긴 채 폐쇄적인(parochial) 문화와 물화된 생활양식 속에서 스스로를 파괴하는 공동의 희생자로 드러난다. 그리하여 아돌프 아이히만(Adolf Eichmann) 시대에 러디어드 키플링은 그저 무명의 보병이 되어 총알받이 노릇이나 하기를 희망한 것이다. 식민주의자의 이런 전략을 이해하지 못할 때 세속적이거나 비세속적인 종류를 망라한 모든 해방이론은 간접적으로 억압자들의 우월성을 인정함으로써 그들과 협력하게 될 뿐이다.

이런 나의 입장에 대한 핵심적인 논증은 간단하다. 근대적인 노예주와 비근대적인 노예 중에서 후자를 선택해야만 하는 이유가 자발적 가난을 선택하고 고통받는 쪽의 우월성을 인정해야 한다는 당위에만 있지는 않다. 또한 노예가 억압받고 있어서도, 심지어 그가 노동을 하기 때문만도 아니다. (맑스는 노예가 노동으로 말미암아 노예주보다 덜 소외된 존재라고 말한 바 있다.) 노예를 선택해야 하는 당위는 노예는 아마도 한 인간으로서의 노예주를 배제하지 않는 더 높은 차원의 인식을 대변하는 반면, 노예주의 인식은 하나의 '사물'로서가 아닐 때 노예를 배제할 수밖에 없다는 사실에서 비롯된다. 궁극에 있어 근대적인 억압은 전통적인 억압과 달리 그저 자아와 적, 지배자와 피지배자, 혹은 신과 악마 간의 만남이 아니었다. 그것은 탈인간화된 자아와 대상화된 적, 기술혁신을 따르는 관료와 그의 물화된 희생자, 그리고 유사 통치자와 그의 '신민'에게 투사된 그 자신의 공포스러운 다른 자아들 간의 투쟁이었다.

그 점이 십자군전쟁과 아우슈비츠의 차이이자, 힌두교도와 무슬림교도 간의 무력분쟁과 근대 전쟁의 차이였다. 그런 이유로 이 책은 오로지 희생자에 대해서만 말한다. 간혹 승자에 대한 이야기가 나온다면 그 승자는 궁극적으로는 승자로 위장한 희생자, 그것도 심리적 부패가 더 진전된 단계의 희생자임이 드러날 것이다.

이 책은 주되게는 영국령 인도에서 식민주의적 문화를 지탱하거나 그에 저항했던 문화적 힘과 심리구조에 대한 탐구다. 또한 그 탐구는 그 함의상 탈식민주의적 의식에 대한 연구이기도 하다. 즉 이 책은 식민지 경험을 거치면서 이전보다 덜 순수해진 인도 전통의 어떤 측면들과 인도 사회가 자신의 자아에 대한 방어적 재정의를 최소한으로 수행하면서 식민지 경험에서 살아남는 데 기여한 문화적·심리적 전략들을 다룬다. 그러므로 이 책의 어떤 대목에서는 인도의 식민주의가 인도인이 플라시(Plassey)전투에서 패배한 1757년에 시작해서 영국이 공식적으로 인도에서 철수한 1947년에 끝난 것으로 그려지는 반면, 다른 대목에서 인도의 식민주의는 문화적인 식민주의이론에 부합하는 정책이 처음으로 실시된 1820년대 후반에 시작해서 간디(M. Gandhi)가 그 이론의 뼈대를 붕괴시킨 1930년대에 끝난 것으로 묘사된다. 또다른 대목에서는 인도에서 식민주의가 1947년에서야 시작됐다고 본다. 1947년에 식민주의문화를 지탱하던 외적(外的)인 것들은 종식됐지만, 그에 대한 저항은 여전히 계속되고 있다는 것이다.

말할 필요도 없이, 나는 식민지 시기 인도인의 정신을 총체적으로 보여주려고 하지는 않았다. 나는 보다 특정한 논점에 집중하기 위해 몇몇의 사례와 정보원을 선별했다. 그 논점들은 정치적이며, 참조대상에는 문화정치와 문화지식의 영역뿐만 아니라 공적 정치의 영역도 포함된다. 그리고 두 영역 모두에서 그 논점들은 흔히 인간이 초래한 고통을 분석하는 데 동원되는 근대적 범주의 정치와 관련된다. 이 작업에서 명시되지 않은 가정이라면, 윤리적으로 민감하고 문화적으로 뿌리내린 대안적인 사회지식은 이미 부분적으로는 근대 사회과학의 바깥, 즉 과거에 이른바 '신민'이나 소비자 혹은 근대 사회과학의 실험대상자였던 이들에게서 찾을 수 있다는 것이다. 이 책에는 두종류의 식민주의가 등장하며, 그중 한종류의 식민주의에 대한 종속성은 다른 종류의 식민주의에 대한 종속성을 염두에 두면서 검토될 것이다.

이러한 논의의 틀은 전기(傳記)적 자료에 대한 거의 자의적일 만큼의 편향된 활용과 근대 심리학과 사회학에서 차용해온 몇몇 개념에 대한 고의적 오용을 설명해준다. 이 책의 목적은 기존의 심리학, 사회학이론에 더 잘 부합하도록 인도의 경험을 조정·변형·개조함으로써 문화상대주의나 보다 상대주의적인 비교문화적 심리학을 주장하려는 것이 아니다. 이 책은 인도의 관점에서 동시대적 지식의 몇몇 타당한 범주들을 이해하고, 그 범주들로 보편주의에 대한 하나의 유력한 이론을 만들어내는 것을 목표로 한다. 나는 서구 식민주의의 피지배자들이 부자불식간에 행했던 것을 의식적으로 하고자 애쓰는 것인데, 이때 내 전문 분야의 관념과 용어를 완전히 떨쳐버릴 수는 없을 것이다. 그런데 식민지 인도인들이 항상 오리엔탈리스트들의 주장을 교정하거나 확대하려 한 것만은 아니었다. 그들은 그들 나름의 정돈되지 않은 방식으로 대안적 담론언어를 창출하려 애쓰기도 했다. 그 노력이 그들의 반(反)식민주의였고, 우리도 동일한 노력을 기울이는 것이 가능하다. 나는 이 책의 어디에선가 이스와라찬드라 비디야사가르(Iswarachandra Vidyasagar, 1820~91)를 그 사례로 들었다. 그는 서구의 합리주의적 사유에 깊은 인상을 받았고 자신이 불가지론자였음에도 불구하고 정통 힌두학자처럼 생활했고 자신의 정치적 저항을 토착의 언어로 정식화했다. 그는 존 로크(John Locke)나 데이비드 흄(David Hume)에 맞서『마누 법전』(*Manusaṁhitā*)이 아니라『파라샤라 법전』 〔*Parāśara Sūtra*, 리그베다에 나오는 현자 파라샤라가 편찬했다고 전해지는 고대 인도 법전〕을 내세웠다. 그것이 인도의 사회문제뿐만 아니라 합리주의라는 외래의 관념을 다루는 그의 방식이었다. (아마도 잘못된 생각이겠지만, 나는 서구의 합리주의 역시 그 기묘한 판본의 합리주의에서 배울 점이 있다고 믿는다.) 비디야스가르의 방식이야말로 내가 이 책의 두번째 부분에서 강조한 것, 즉 새로운 악의 경험에 대한 예민한 분별을 키워온, 영웅적이지 않으면서도 비판적인 전통주의다. 이런 나의 평가는 어쩔 수 없이 또다시 해소되지 않는 '역전이'(counter-transference) 사례처럼 보이겠지만, 이 책이 그런 비판적 의식의 조류, 즉 새로운 전통들을 창출하기 위해 과거의 전통들을 재해석하는 전통에 기여했으면 한다.

나는 이 책에서 동시대 사회과학에서 단서가 될 만한 몇 가지 아이디어를 차용했으며, 동시에 그것들과 씨름했음을 인정한다. 그러나 내가 대화나 논쟁을 벌인 주된 상대는 전문적인 사회과학의 세계라기보다는 인도인의 의식을 주조해왔고, 현재도 주조하고 있는 이들이었다. 근대 식민주의는 전적으로 전문적인 사회과학에 맡겨두기에는 너무나 심각한 문제다.

(나 자신도 그런 사람에 속한다고 생각하는데) 어떤 방

법론에서든 저자의 이익에 부합하는 요소를 찾아내고서야 만족하는 사람을 위해 밝히자면, 위와 같은 접근방식은 나에게 거의 부당하다고 할 만한 분명한 이점을 제공해준다. 이 책에 대한 비판은 순전히 학술적이기만 해서는 충분치 않다. 이 책을 좋아하지 않는 누군가는 신화에 대처하는 방식으로 이 책을 상대해야만 할 것이다. 즉 그는 보다 그럴듯한 신화를 되살리거나 새로이 만들어야만 하는 것이다.

그러나 신화에도 각각의 편향이 존재하는 법이다. 여기서 나의 '신화'와 관련된 몇몇 편향을 밝힐 필요가 있겠다. 이 책에서 나는 의도적으로 살아 있는 전통에 초점을 맞추면서, 고전적이며 순수하고 고상한 성격의 전통과 민속적이며 혼종적이고 저속한 성격을 가진 전통의 변증법을 강조했다. 이미 언급했듯이 나는 서구의 위력에 대처했던 평범한 인도인의 초상화를 그리고자 했다. 그들에게는 고전적인 것과 민속적인 것, 그리고 순수한 것과 혼종적인 것 모두 보다 큰 레퍼토리의 구성요소였다. 그들은 그 모든 것을 식민주의를 극복하기 위한 정신의 전투에서 편견 없이 두루 사용했다.

둘째로 내가 지난 20년간 밀접한 관계를 맺어온, 심리인류학 그리고 프로이트 사회심리학이라 칭해지는 학문적 관심사에 대해 한마디 하고자 한다. 만약 이 책이 5년 전에 쓰였다면 나는 이론적 틀의 상당 부분을 그런 학문 분

32

야에서 빌려왔을 것이다. 이 책과 같은 주제를 다룬 저술들은 하나의 분명한 전통을 이루고 있기에, 이 책이 그런 전통에서 어떤 방식으로 벗어나 있는가를 밝힐 필요가 있다. 나는 이 책에서 정신건강 및 외래적인 것과 토착적인 것에 대한 어떤 고정된 개념에 의거해 인도인의 성격특성(personality)과 인도의 문화를 해석하거나 식민지배하에서의 인도인의 운명을 제시하지는 않으려 했다. 대신 나는 성격특성과 문화 간의 어떤 연속성을 전제했고, 그 연속성에서 정치적·윤리적인 가능성들을 발견했다. 달리 말하자면 나는 심층 심리학의 비판적인 예리함을 유지하되 그 비판 지점을 순수하게 심리적인 것에서 심리-정치적인 것으로 옮겨놓았다. 또한 나는 이 책에서 탈신비화라는 관습적인 심리학적 기법의 탈신비화를 시도하기도 했다.

그러나 나는 인도적인 성격특성에 대한 대략의 실증적인 개요를 전제했다. 지난 25년 동안 숱한 정신과 의사, 심리분석가, 인류학자, 철학자, 그리고 심지어 정치경제학자들이 인도적 정신의 다양한 면모를 연구해왔다. 이제 그 지식은 인도 자아상의 일부가 됐고, 인도를 연구하려는 사람은 누구라도 그 지식에 기반해야만 한다. 그래서 나는 이 책에서 인도적 자아의 다양한 측면을 다루지 않았고, 그 탓에 이 책은 어떤 완결된 느낌을 주지는 않는다. 또한 나는 내 주장을 입증하기 위해 과거에서 불러낸 각각의 증인들, 그리고 내가 참조한 전통 문헌에 대해서도 공정하게 모든 면을 살피지 않았다. 이 점에서는 여러 논점을 끝맺지 않고 내버려둔 잘못을 저질렀다고 할 수 있다. 그 문제들은 보다 꼼꼼한 독자가 나서서 인도 정신과 문화에 관한 깊은 조예나 직관적 이해를 발휘하여 매듭지어야만 할 것이다. 그러나 나는 오늘날 이 문명에서 산다는 것의 한가지 가능한 의미에 대한 단서를 제공했기를 희망한다. 내가 그 의미를 문화상대주의의 족쇄에서 해방해 거기에 대안적 보편성의 지위를 되찾아주는 데 성공한 정도만큼, 인도 전통에 대한 이 책의 해석은 헛되지 않게 될 것이며 침공을 받고 있는 다른 문화에도 타당성을 띠게 될 것이다. 결국 이 연구는 인간이 야기한 모든 고통은 하나이며 모든 사람에게 그에 대한 책임이 있다는 가정에 근거를 두고 있다.

마지막으로 내가 쓰는 언어의 '성 차별적' 가능성에 대해서 한마디 하겠다. 이 문제는 한동안 내 작업을 끈질기게 따라다녔는데, 여기에서 내 입장을 확실히 밝히고 싶다. 영어는 내 모국어가 아니다. 나는 점차 영어를 좋아하게 됐지만, 영어는 한때 나에게 강요된 언어였다. 지금도 나는 자주 모국어인 벵골어로 생각하고 난 후에 그 생각을 영어로 번역해서 글을 쓴다. 30년 동안 각고의 노력을 기울인 끝에 이제 어지간히 영어를 쓸 수 있게 되자 내게 처음으로 영어를 강요한 이들의 후손이 내가 그들의 선조에게 잘못된 영어를 배웠으며, 이제 그 언어를 다시금 배워야 한다고 말한다. 솔직히 말하자면 그렇게 하기에 나는 너무 늙었다. 내가 쓰는 영어에 불쾌함을 느끼는 이들은 내 생각의 수단인 벵골어가 전통적으로 남성과 여성을 달리 보았다는 사실을 떠올림으로써 위안을 받을 수 있을 것이다.

「식민주의적 심리」의 초기 원고 일부는 『정신의학』(*Psychiatry* 45〔3〕 1982)에 발표됐다. 그 원고는 인도 사회과학연구원의 위촉으로 쓰였고 그곳에서 연구비를 받았다. 그 글은 앙드레 베떼유(André Béteille), 마노란잔 마한티(Manoranjan Mahanty), 수미트 사카르(Sumit Sarkar), 타니카 사카르(Tanika Sarkar), 케니찌 나까무라(Kenichi Nakamura), 모리스존스(W. H. Morris-Jones), 비나 다스(Veena Das) 등의 세밀한 비판과 제안에 많은 도움을 받았다.

「식민화되지 않은 정신」은 1978년 7월 뿌나〔Poona, 지금의 뿌네pune〕에서 WOMP(World Order Models Project)가 주최한, '문화, 권력 그리고 사회변화'라는 학술행사에서 발표했던 글을 확장한 것이다. 초기 원고의 일부는 『타임스 오브 인디아』(*Times of India*) 1978년 10월호와 『얼터너티브스』(*Alternatives*) 1982년 8권 1호에 게재된 바 있다. 현재 상태의 원고가 되는 데 신하(M. P. Sinha), 데싱카르

(Giri Deshingkar), 라티(Girdhar Rathi)와 샤스트리(R. A. P. Shastri) 등의 논평과 제안이 큰 힘이 됐다. 서문은 1983년 2월 『타임스 오브 인디아』에 발표한 글에 기반하고 있다.

리얄(M. K. Riyal)과 부반 찬드라(Bhuvan Chandra)는 원고를 정리해주었고, 수지트 데브(Sujit Deb)와 타룬 샤르마(Tarun Sharma)는 서지 관련 정보를 제공해주었다. 아내 우마(Uma)와 딸 아디티(Aditi)가 없었다면 나는 이 책을 더 빨리 끝냈겠지만, 그랬다면 그 책은 지금과 같지는 않았을 것이다.

THE INTIMATE ENEMY

식민주의적 심리

영국령 인도의 성과 연령, 그리고 이데올로기

LOSS AND RECOVERY OF SELF UNDER COLONIALISM

제1장

식민주의적 심리
: 영국령 인도의 성과 연령, 그리고 이데올로기

1

> 제국주의는 정책이라기보다 정서였고, 그 기반은 지
> 적(知的)이기보다는 도덕적이었다.
>
> ——써머벨(D. C. Somervell)[1]

지난 200년에 걸쳐 깨닫게 된 사실, 즉 식민주의를 단순
히 경제적 이익이나 정치적 힘과 동일시할 수 없다는 것이
이제 점점 더 명확해지고 있다. 일본은 만주에서 줄곧 경
제적 손실을 보았으며, 인도차이나 및 알제리와 앙골라의
식민지는 프랑스와 뽀르뚜갈의 정치적 힘을 키우기는커
녕 오히려 그 쇠퇴를 가져왔다. 그런 사실로 말미암아 만

주와 인도차이나 및 알제리와 앙골라에서 식민지적 속박이 헐거워진 것도 아니었다. 이러한 예들이 경제적 이익이나 정치적 힘의 획득이 식민지 상황을 만들어내는 중요한 동기라는 점을 부정하는 것은 아니다. 이는 그저 식민주의가 그 의도에 상응하는 실질적인 이득(gain) 없이도— 때로는 경제적·정치적 손실을 감수하면서까지 —이루어지는 경제적·정치적 이점(advantage)의 추구로 특징지을 수 있음을 보여준다.[2]

이 글은 식민주의의 가장 우선하는 특질이 식민주의자와 식민지인의 심리상태에 있으며, 식민주의적 의식은 식민지로부터 경제적·정치적 이익을 얻으려는 때때로 실현 불가능한 소망 이외의 다른 요소들도 포함한다고 주장한다. 물론 식민화의 정치경제학은 중요하다. 그러나 식민주의의 조잡하고 아둔한 면모는 주로 심리 영역에서 표출되며, 그런 만큼 근대적 식민주의가 세계무대에 등장한 이래 식민통치하의 정신상태를 묘사하는 데 사용된 변수들(variables) 자체가 정치심리학의 영역에서 정치화됐다. 이 글은 앞으로 지배자와 피지배자에게 나타나는 식민주의의 주요한 심리적 면모를 탐구하고, 식민주의를 양자가 공유하는 공통의 문화로 규정하고자 한다. 이 글에서 식민주의란 항상 어떤 사회에 외부 세력의 통치가 확립되면서 시작하지도 않으며, 그 세력이 식민지에서 철수한다고 끝나지도 않는 무언가다. 나는 인도의 사례를 활용한다. 인도에서 만개한 영국 제국주의이념이 지배적인 이데올로기가 된 것은 식민주의적인 정치경제학이 작동하기 시작한 지 75년이 지나서였으며, 영국의 통치(Raj)가 공식적으로 종식된 지 35년이 지난 현재까지도 그 식민주의 이데올로기는 삶의 많은 부문에서 여전히 기승을 부리고 있다.

그런 정치와 문화의 불일치는 식민주의적 상황이 스스로를 정당화하고자 제국주의이론을 만들어냈다는 주장이 오직 부분적으로만 사실이기 때문에 가능했다. 식민주의는 식민주의자와 식민지인 모두의 사회적 의식의 이전 형태에 뿌리를 둔 심리상태이기도 했다. 그것은 얼마만큼은 문화적 연속성을 띠며, 문화적 경향을 거느리고 있다.

첫째, 식민주의는 지배자와 피지배자가 공유하는 규약들을 포함한다. 이 규약의 주요 기능은 양쪽 모두의 원래 문화적 우선순위를 바꾸어서, 마주한 두 문화에서 과거에는 열등하거나 종속적이라고 여겨진 하위문화를 식민주의문화의 중심으로 옮겨놓는 것이다. 동시에 그 규약은 각 문화에서 가장 현저하게 나타나는 문화적 특성을 각각의 문화의 중심에서 제거한다. 이런 새로운 문화적 우선순위의 확립 과정이야말로 가장 인상적인 식민주의체제가 왜 이념적으로 열린 정치제도와 자유주의 그리고 지적 다원주의를 표방한 사회에 의해 건설됐는지를 설명해준다. 이

런 분열상이 근대의 과학적-합리적 세계관에 내재한 기본
모순과 닮은 꼴이라는 사실은 그 둘이 같은 이야기에 속한
다는 뜻이다. 근대의 과학적 세계관 또한 자신의 영역 내
에서는 합리적이고자 하지만, 세계의 패권을 확보한 이래
로 다른 지식 전통을 대면할 때는 한결같이 합리적이기를
거부한 것이다.[3] 또한 위의 사실은 왜 식민주의가 공식적
인 정치적 독립과 더불어 종식되지 않는 것처럼 보이는지
도 설명해준다. 정신상태로서의 식민주의는 외부의 힘에
의해 촉발되지만 식민지 내부의 과정이며, 그 근원은 지배
자와 피지배자의 정신 깊숙한 곳에 자리한다. 아마도 인간
의 정신에서 비롯한 것은 역시 인간의 정신 안에서만 종식
될 수 있을 것이다.

둘째, 식민주의문화는 정치적 반대를 관리하는 특정한
양식을 전제한다. 식민체제가 사회-경제적이고 심리적인
보상과 처벌을 통하여 식민지인들이 새로운 사회규범과
인식범주를 받아들이도록 유인함으로써 존속한다는 것은
명백해 보인다. 그러나 이러한 외적인 유인책과 억제방식
은 언제나 가시적이기에 도전을 받게 되며, 억압과 지배에
대한 명시적인 표식이 된다. 보다 위험하고 영속적인 방식
은 내적인 보상과 처벌, 즉 식민통치하의 고난과 복종에서
기인하는 이차적인 심리적 이득 혹은 손실이다. 그것들은
거의 언제나 의식되지 않기 때문에 거의 언제나 간과된다.

그중에서도 특히 강력한 것은 식민주의가 그 희생자에게
가한 궁극적인 폭력을 인식한다는 것에 대한 내면적 저항
감이다. 이때 궁극적 폭력이란 바로 식민주의가 식민지인
들이 끊임없이 지배자들이 설정한 심리적 한계 내에서 그
들과 투쟁하게끔 유혹하는 문화를 창안해냈다는 것이다.
우리 시대의 많은 반식민주의 저항운동이 그 나름으로 고
안해낸 특정 개념 중 다수가 제국주의적 문화 자체의 산물
이며, 따라서 이러한 운동들이 저항 중에도 그 각각의 문
화적 기원에 대한 경의를 표해온 것은 우연이 아니다. 나
는 식민지 사회의 엘리트들을 고무해온 서구 자유주의의
명시된 아폴로적 규약뿐 아니라, 그에 대비되지만 식민주
의에 대항한 혁명운동을 이끌어온 통치술·일상의 정치·
효과적인 정치적 방법·유토피아 등의 관념에 내면화된 디
오니소스적 규약들도 염두에 두고 있다.

　이후 이 글은 (위에서 말한 두 과정을 맥락이자 예증으
로 삼아) 영국령 인도에서 식민주의 이데올로기가 영국의
제도적 차별을 떠받쳤던 두 근본적인 범주인 성과 연령이
내포한 문화적 의미를 토대로 어떻게 구축되는지, 그리고
그러한 의미가 전통적인 인도와 그 전통을 새롭게 구현한
간디라는 적수와 어떻게 대결했는지를 검토할 것이다.

2

서구 식민주의가 아시아와 아프리카 및 라틴아메리카에서 예외없이 항시 동원했던 성적 지배와 정치적 지배 간의 상동관계(homology)는 식민주의 역사의 우연한 부산물이 아니었다. 서구가 연루된 다른 억압 상황에서도 그에 대응하는 것들이 항상 존재했고, 그중에서도 미국인들의 노예제 경험은 가장 기록이 잘되어 있는 경우다. 서구문화 전반에서 심리적 양성성(bisexuality)이 부정되면서 강화된 그 상동관계는 중세 이후 서구에서 전개된 지배와 착취 및 잔인한 행위들을 자연적이며 타당한 것으로 말끔하게 정당화했다. 식민주의 또한 당시 존재하던 그런 서구의 성적 정형과 그것으로 대변되는 삶의 철학에 부합했다. 식민주의는 정치적·사회-경제적 지배가, 여성과 여성성에 대한 남성과 남성성의 지배를 상징한다는 문화적인 합의를 낳았다.

대략 1757년에서 1830년에 이르는 식민통치 초기에 영국의 중간계급은 아직 지배문화를 주도하지 못했기에 주로 봉건적인 배경을 가진 집단에서 식민통치 인력이 차출됐다. 그 탓에 성적 지배와 정치적 지배의 상동관계는 아직 식민지 문화의 중심 요소가 아니었다.[4] 대다수 식민지배 세력과 식민지인들은 남성이나 남편 혹은 왕의 특권으로서의 식민통치라는 관념을 아직 내면화하지 않고 있었다. 나는 여기서 식민주의의 미시정치가 아니라 거시정치에 대해 이야기하고 있다. 개인적인 인종차별주의자나 가학적인 사람들은 이미 식민지 인도에 상당수 존재했다. 그러나 영국의 식민통치가 이미 자리 잡았음에도 불구하고 인도에서 영국문화는 아직 정치적으로 지배적이지 않았고 인종에 기반한 진화론도 지배문화에서 이때까지 두드러지지 않았다. 인도에서 대부분의 영국인들은 인도 의상을 입고 인도의 풍속과 종교 관행을 따르는 등 집이나 일터에서 모두 인도인처럼 생활했다. 그들 대다수는 인도 여성과 결혼했고 인도의 신과 여신을 경배(pūjā)했으며 브라만 계층의 주술적 능력에 경외심과 두려움을 품었다. 탐욕으로 악명 높았던 첫번째와 두번째 영국 총독은 인도적인 것에 대한 존중으로도 잘 알려져 있다. 두 총독의 재임 기간에는 인도 생활양식이 영국이 다스리는 인도의 정치문화를 지배했다. 심지어 인도에 주둔한 영국군은 때때로 인도의 신과 여신을 경배해야 했고, 한번은 영국 군대가 힌두교 사원의 헌금으로 경비를 충당하기도 했다. 더불어 영국령 인도에서 선교사들의 활동이 금지됐고, 법정의 판결은 주로 인도법률에 의거했으며, 교육체계는 인도 방식을 따랐다.[5]

1830년대 말까지도 영국에서 제국이라는 관념은 의심스러운 것이었다. 인도를 비롯한 여러 식민지를 방문했던 영국인들은 그곳에서 영국의 권위가 '희미하게나마 우습다'고 느꼈다.[6] 동인도회사에서 일하던 신사들은 사실 인도를 통치할 생각이 없었고 그저 인도에서 많은 돈을 벌고자 했을 뿐이었으며,[7] 당연히 그들은 가차없이 그렇게 했다. 그러나 곧 영국 중간계급의 복음주의적 정신이 만개하고 이어서 영국과 인도 양쪽에서 새로운 정치문화가 영국의 지배에 문화적 의미를 부여하기 시작했고, 그제서야 본격적인 식민주의가 출범했다고 말할 수 있다.[8] 특히 영국의 지배 세력, 그리고 영국문화에 노출된 일부 인도인들이 식민주의적 역할 정의(role definition)를 내면화하고 개혁적인 열정을 품고서 성적 위계와 정치적 위계 간의 상동관계를 전제하는 언어로 말하게 되자 인간정신을 둘러싼 싸움은 상당한 정도로 식민통치 세력의 승리로 끝나게 됐다.

이 문화적 동화의 핵심은 정신분석학에서 '공격자와의 동일시'라고 부르는 과정이었다. 억압적인 상황에서 그 과정은 (서구적 의미의) 진보의 어두운 이면과도 같았다. 유아기적 의존에서 벗어나지 못한 정상적인 아이는 완벽한 정당성을 확보한 데다 신체적으로도 훨씬 강한 성인의 불가피한 지배와 대면했을 때 그런 자아방어기제를 자주 동원한다. 식민주의적 문화에서 이런 심리기제로 말미암아 지배자와 피지배자는 끊을 수 없는 쌍방의(dyadic) 관계로 묶이게 됐다. 영국의 식민통치자들은 인도인들을 (그 외관

과는 달리) 스스로를 더욱 문명화해야 하는 야만인으로,
자신들은 진보의 동인(動因)이자 사명의 실천자라 여겼다.
반면에 다수의 인도인들은 영국인들과 친구 혹은 적이 되
는 것과는 무관하게 그들과 비슷해지는 데에 인도의 구원
이 있다고 보았다. 그들은 용맹한 인종에 대한 영국적인
관념을 철저하게 받아들이고 영국 중간계급의 성적 정형
을 모방해서, 과잉남성적이고 용맹함을 드러내며 대단히
충성스러운 계층과 하위문화를 창출하자고 주창한 것은
아니지만, 전통적인 인도의 통치술 개념에 내재하는 용맹
한 인종에 관한 이데올로기를 되살려 자신들의 중심 이데
올로기로 삼았다. 19세기 인도에서 일어난 많은 사회적·종
교적·정치적 개혁운동뿐만 아니라 수많은 문학운동과 예
술운동은 진정한 인도성에 대한 새롭고도 거의 유일한 표
식으로서의 크샤트리아를 식민통치자들과 자신들을 잇는
'진정한' 고리(interface)로 삼았다. 그러나 식민주의가 유
포한 여러 관념을 받아들인 사람들의 믿음과는 달리, 이렇
게 크샤트리아가 강조된 사정과 그 실제적인 기능은 용맹
한 인도성에 대한 모색이 결과적으로는 인도의 식민지배
에 가장 크게 기여한 협력 세력을 떠받친 것이었다는 사실
이 잘 보여준다. 그런 부류를 대표하는 예로는 인도의 대
다수 봉건 영주들과 (반半서구화된 중산계급 출신의 도시
젊은이들이 주도했으며 아주 용맹스러웠으나 별 효과가

없었던 벵골, 마하라슈트라, 펀자브 지방의 테러조직 같은) 식민주의에 대한 가장 무력한 형태의 저항운동 단체들을 꼽을 수 있다.

당시 발생했던 의식 변화는 식민주의적 인도문화의 핵심 요소가 된 세 개념, 즉 푸루샤트와(puruṣatva, 남성성의 본질)와 나리트와(nārītva, 여성성의 본질) 그리고 클리바트와(klībatva, 자웅동체성의 본질)를 통해 간단히 기술할 수 있다. 과거 반의어였던 푸루샤트와와 나리트와에 의해 규정된 성적 정체성의 양극단은 식민주의적 정치문화에서 점차 푸루샤트와와 클리바트와라는 대립항으로 설명되기 시작했다. 이제 남성성 안의 여성성이야말로 남성의 정치적 정체성을 궁극적으로 부정하는 것이라고 인식됐는데, 그것이 여성성 자체보다 훨씬 위험한 병리적 현상으로 이해됐기 때문이다. 전근대의 일부 기독교 교파를 포함하여 다수의 다른 문화와 마찬가지로 인도에서도 악한 양성적 존재와 선한 양성적 존재가 모두 등장하는 신화와 더불어 소중한 양성성과 경멸스런 양성성에 대한 관념이 공존했다. 그러나 이제 모든 형태의 양성성을 함께 뭉뚱그려 남성성 일반과 대립시키려는 시도가 이루어졌다. 타고르의 소설 「차르 아디예이」(Cār Adhyāy, '네개의 장'이라는 뜻)는 이러한 변화와 연관된 고통을 뛰어난 솜씨로 포착했다. 이 소설의 주인공이 겪는 내면 갈등은, 가톨릭 신학자이자 베단타[Vedanta, 고대 인도철학] 연구자였으며 혁명적 민족주의자이기도 했던 실존인물 브라마반다브 우파디예이(Brahmabandhav Upadhyay, 1861~1907)의 도덕적·정치적 딜레마에 기초한 것이었다. 다수의 인도인들을 모욕했다는 이유로 2판부터 빠진 감동적인 초판본 서문은, 고통받는 인도인을 위해 투쟁하는 과정에서 본성(Svabhāva)과 자기 의무(Svadharma)에 대한 원래 생각에서 멀어져야만 했던 자신의 혁명가 친구의 개인적인 비극을 잘 감지했다. 놀랍게도 타고르는 이 책보다 27년 전에 출간된 또다른 소설「고라」[Gorā, '백인'이라는 뜻]에서 이미 동일한 문화적 변화 과정을 다루었는데, 아마도 동일한 실존인물의 삶에 기초한 그 작품 또한 후에 나온 소설과 통하는 정치적 메시지를 담고 있었다.[9]

간디 이전 다수의 저항운동은 이러한 문화적 변화에 흡수됐다. 그런 저항운동들은 가망없을 정도의 승산에도 아랑곳하지 않고 영국과 싸워 이김으로써 격렬한 힘의 대결과 '거친 정치'의 장에서 당한 굴욕적인 패배에 관한 역사적 기억에서 영원히 인도를 해방하고 인도의 남성성 또한 되살리고자 했다. 이는 식민지의 지배적인 문화에서 이미 남성성의 최종적인 특성이 된 자질들, 즉 공격성·성취·통제·경쟁·권력을 다시금 정당화했다.[10] (여기서는 이러한 의식의 전개와 동시에 진행된 사회의 구조적 변화를 다루지는 않을 것이다. 최근에 케네스 발하체트Kenneth Ball-hatchet는 영국의 군인들 및 행정가들과 인도 여성 간의 막연한 친밀성distant intimacy에 대해 묘사한 바 있는데, 그런 관계는 공식적으로 장려됐고 실제로 체계적으로 제도화됐다.[11] 또한 나는 다수 저자들이 은연중에 드러낸 또 하나의 병렬적인 과정도 다루지 않고자 한다. 즉 인도에 살던 백인 여성들은 대체로 더욱 배타적이고 인종차별적이었다는 것인데, 이는 그들이 영국 남성들과 무의식적인 동성애적 결속을 맺고 있던 인도 남성들과 성적인 경쟁을 벌이고 있다고 무심결에 느꼈기 때문이다.[12] 이 결속이야말로 자유주의적인 정치제도뿐만 아니라 '수동적인 저항자'와 '비협력자'들도 활용한 것이었다. 그 관계에서 그들에게 도움이 된 것은 빅토리아조 문화에서 남성성의 두 이상형을 둘러싸고 벌어진 분열이었다. 발하체트를 비롯한 여러 저자들의 주장에 의하면 영국의 하층계급에게는 성적인 능력을 보여주는 식의 남성다움 발현이 기대된 반면에 상층계급에게는 성적인 거리두기와 금욕 및 자기통제를 통한 남성다움 확증이 기대됐다. 전자의 남성성은 스페인과 뽀르뚜갈의 통치양식, 그리고 그만큼은 아니지만 프랑스가 라틴아메리카와 아프리카에서 펼친 식민주의에 조응했다. 후자의 남성성은 무엇보다도 남성다움에 대한 특정한 인도의 전통관념에 부합했다. 정신적이고 자기를 부정하는 금욕주의자 브라만Brāhmaṇ은 보다 공격적이고 '성적으로 왕성하고' 활동적인 크샤트리아Kṣatriya에 대비되는 전통적인 남성성이었다. 근대적 관점에서는 매우 기이하게 들리겠지만 후자는 우주의 여성적 원칙을 대변했다. 그런 관점은 과거의 인도가 삶의 한 방식인 크샤트리아적 특성에 제약을 가하던 수단이었다. 혼란을 피하기 위해서 나는 과잉남성성이 성적 특성 일반이나 긍정적인 양성성과 무관하다는 식의 언어를 쓰지 않으려고 했다.)

그런 문화에서 식민주의는 절대악으로 간주되지 않는다. 왜냐하면 식민지인들에게 식민주의는 스스로가 연약한 결과이자 정당한 힘의 대결에서 패배한 결과이기 때문이다. 한편 지배자들에게 있어 식민지에서 벌어지는 착취는, 우월한 형태의 정치적·경제적 조직을 갖춘 삶의 철학이 야기한 우연하고도 애석한 부산물이었다. 이 점은 인도의 식민통치 세력이 의식적·무의식적으로 추구하던 합치된 의견이었다. 그들은 자신들을 도덕적인 불구로 여기면서 대륙 규모의 정치체제를 성공적으로 통치할 수는 없었다. 영국인들은 자신들의 행동과, 그들 문화의 중요 규범의 관점에서 당시까지도 '진정한' 가치로 통용되던 것 간의 괴리가 낳을 수도 있는 죄의식에 대한 방어벽을 구축해야 했다. 한편 인도인들은 식민주의체제의 이데올로기를 어느 정도 수용하지 않고서는 영국인과의 장기적인 협조

관계를 만들어갈 수 없었다. 그것은 부정의를 피할 수 없는 상황에서 최소한의 자존을 지킬 수 있는 유일한 방법이었다.

그러한 문화적 합의가 자리 잡아갔을 때 식민주의자들에 대한 주된 위협은 다음 같은 일이 벌어지는 것에 대한 두려움이었다. 즉 식민지인들이 그 합의를 거부하고, 확립된 규칙에 따라 자신들에게 저항함으로써 그들의 남성성을 되찾으려는 시도를 그만두지 않을까 하고 은밀히 두려워하기 시작한 것이다. 인도인들이 대안적인 행동의 참조틀을 발견함으로써, 정해진 양의 공격적 남성성(machismo)을 식민통치자들이 독점하고 있는 상황을 깨기 위해 노력하는 연약하고 타락한 기형적 인간이기를 멈출 때 그런 일이 벌어질 것이다. 만약 그런 일이 발생한다면, 식민주의자들은 식민지인들이 자신들을 도덕적·문화적으로 열등한 존재로 여기기 시작하여 이런 생각을 자신들에게도 알려올 것이라는 두려움 속에 살게 되어 있었다.[13] 문명적인 사명이 없는 식민주의는 결코 식민주의가 될 수 없었고, 그런 식민주의는 식민지인들보다 식민주의자에게 더 큰 제약이 된다.

3

　이제 나는 피식민 상태와 아동 간의 상동관계를 다루고
자 하는데, 근대 식민지체제들은 거의 예외없이 이 부수적
인 상동관계 또한 활용했다.[14] 지난 200년 동안 우리가 알
고 있었던 바 식민주의자들은 이질적인 문화적·윤리적 전
통을 지닌 복잡한 사회로부터 배출됐다.[15] 앞서 말했듯 그
들은 그 문화의 어떤 측면은 부각한 반면 다른 측면의 비
중은 약화함으로써 식민주의의 정당성을 구축했다. 예컨
대 아시시의 프란치스꼬(St. Francis of Assisi)가 속한 전통
에 기반해서 세속적인 성격의 사명의식이 굳건히 자리 잡
는 것은 불가능했기에, 아마도 아우구스티누스(St. Augus-
tine)나 로욜라의 이냐시오(Ignatius of Loyola)에게 의거할
필요가 있었을 것이다. 또한 똘스또이(Leo Tolstoy), 러스
킨(John Ruskin), 에크하르트(Johannes Eckhart)의 전통 속
에서 식민주의적 진보이론의 정당성을 찾아내는 것도 가
능하지 않았다. 그 전통은 전능한 고도의 기술, 극도로 경
쟁적이고 성과지향적이며 과도하게 조직화된 사기업, 그
리고 에릭슨(Erik Erikson)이 유사종(pseudo-species)이라
고 부른 것에 기반해 실행되는 타종교인에 대한 공세적인
포교 같은 개념을 부정하는 것이다. 식민주의의 정당성은
제러미 벤섬(Jeremy Bentham)이나 제임스 밀(James Mill)

같은 공리주의자, 식민주의가 진보를 위한 필수 단계이자 봉건주의의 치료책이라고 개념화한 사회주의 사상가, 그리고 크게 보아 식민주의의 경험을 진보라는 교의의 틀에 꿰맞추려 했던 이들에게서 찾아야만 한다. (아동의 순진성을 원시공산주의의 원형으로 제시한 것은 진보이론에 기여한 맑스의 주요 업적이다. 맑스는 진보를 선사시대에서 역사시대로, 그리고 유아적 혹은 낮은 수준의 공산주의에서 성숙한 공산주의를 향한 운동으로 개념화했다. 그에게 인도는 언제나 '인간정신을 가능한 한 최소의 영역 안에 묶어둠으로써 저항하지 않는 미신의 도구'로 만들고, 농민들은 '품위와는 거리가 먼 정체되고 식물 같은 삶'을 사는 "반半야만적이며 반半문명적인 공동체"로 이루어진 나라였다. 맑스는 '이러한 작은 공동체들은 (…) 자연의 주권자인 인간이 원숭이 신인 하누만Hanuman과 황소 신인 사발라Sabbala를 숭배하며 무릎을 꿇는다는 사실에서 볼 수 있듯이 자신들의 타락상을 드러내며 야만적인 자연숭배 풍조를 가져왔다'고 주장했다. 그러므로 '[인도에서] 그들의 죄과가 무엇이든 간에 영국은 무의식적인 역사의 도구였다'라는 주장이 도출됐다.[16] 그러한 견해는 의도치는 않았지만 식민주의를 떠받치는 인종차별적인 세계관과 서구중심주의에 상당하게 기여했다.[17] 원시성과 유아적 특성의 상동관계를 추적하기 위해서 '원시' 사회에 관심을 쏟았던 일부 초기 프로이트주의자들도 맑스만큼 영향을 끼치지는 않았지만 그와 비슷한 문화적 역할을 수행했다.[18] 그들 역시 '개체발생은 계통발생을 반복한다'라는 생물학적 원리와 완전히 사회화된 '정상적인' 성인 남성이라는 이데올로기에 담긴 문화적·심리적 함의를 드러냈던 것이다. 다만 그들은 공리주의자나 맑스주의자와는 달리 명시적으로 원시성과 유아성을 구조적 단순성과 '정체된 역사' 같은 몰가치한 특성들과 동일시하지는 않았다.[19])

다양한 판본의 서구 기독교를 비롯하여, 경쟁관계에 있던 서구 사회철학 학파들 간에는 직접적이지는 않지만 아주 치열한 경쟁이 전개되고 있었다. 그러나 유럽에서 어떤 부류의 전통이 더 강했는가에 대해서는 의문의 여지가 없다. 예리한 유럽 지식인들은 식민주의가 필요악이라는 데에 거의 완벽한 의견 일치를 이루었다. 당시 유럽은 낙관주의가 팽배한 때였다. 그리하여 극단적인 보수주의자들과 식민주의의 옹호자들도 자신들의 문화적 과업이 언젠가는 완수되어 야만인들이 문명화되리라고 믿었으며, 서구에 대한 급진적인 비판자들도 어떤 사회에서 식민주의는 성숙을 위한 필수적인 단계라고 확신했다. 그들은 식민지인들이 근대 세계로 자신들을 인도해준 식민주의자들에게 감사와 사랑을 보낼 것이라고 기대하지 않았다는 점에서만 제국주의자들과 달랐다.[20] 그리하여 유럽문명의 눈으로 볼 때 식민주의자들은 자기 이익을 추구하는 탐욕스럽고 백인 중심적인 문화 파괴자나 의도적인 문화적 병폐의 전파자가 아니라, 의도치 않게 세계의 혜택받지 못한 자들의 처지 개선을 위해 일하는, 악의적이고 흠이 있는 역사의 도구였다.

이러한 이데올로기는 식민주의가 스페인과 뽀르뚜갈에서 중요한 문화적 과정이자 삶의 방식으로서 굳어지게 된 식민주의의 첫번째 국면때 서구에서 발생한 주요한 문화적 재구성과 병행하여 성장했다. 아리에스(Philippe Ariès)는 근대적인 아동개념이 17세기 유럽의 산물이라고 주장했다.[21] 그 이전에 아동은 단지 성인의 축소판으로 간주됐고ㅡ아리에스는 철저히 인식하지 않는 사실이지만ㅡ이제 아동은 성인의 열등한 형태가 되면서 새롭게 늘어난 아동기 내내 교육을 받아야 했다. (같은 시기 유럽에서 이와 동시에 등장한 것이, 바로 개신교Protestantism의 영향 속에서 보다 남성적으로 변화한 기독교의 신성神性개념에 의해 뒷받침된 근대적 여성성 개념이었다.[22])

새로운 아동개념은 서구에 널리 유포된 진보라는 교조와 직접적인 연관을 맺고 있었다. 불과 한세기 전만 하더라도 유럽의 농민문화에서 아동은 행복하고 축복받는 아름다운 천사라는 원형적인 상을 연상시켰다. 그러나 아동은 점차 성인이 반드시 도덕적인 규범을 써넣어야 하는 텅

빈 판──덜 생산적이고 덜 윤리적이며 인간본성의 유희적이고 무책임하며 본능적인 측면에 심하게 오염된 성인의 열등한 판본──으로 여겨지게 됐다. 동시에 다수의 베버주의자들이 서유럽의 근대화를 추동한 주요 동인으로 지목하는 기독교 윤리의 확산으로 말미암아, 죄로 인해 타락했으면서도 참회하지 않는 상태에 있는 아동을 적절한 사회화를 통해서 '구원'하고 그들이 성숙과 성장이라는 칼뱅주의적 이상을 향해 자랄 수 있도록 돕는 것이 성인의 책임이 됐다. 산업혁명 초기 영국에서 생산적인 일을 시킨다는 미명하에 자행된 아동착취는 그러한 아동개념의 자연적인 귀결이었다.[23]

식민주의는 이러한 성장과 발전의 개념을 충실하게 받아들여서 원시성과 아동 사이에 새로운 유비를 확립했다. 그리하여 사회진보에 관한 이론은 유럽에서는 한 개인의 생애주기에, 식민지에서는 문화적인 차이의 영역에 포개지게 됐다.[24] 아동의 아이다움과 성숙하지 못한 성인의 유치함은 각각 식민지 사회의 원시인과 원시문화가 보여주는 아름답거나 아름답지 않은 야만성에 대응하게 됐다. 이런 판본의 진보에 관한 이론은 다음과 같이 요약된다.

어린애다운(childlike) 인도인: 순진무구하고 무지하나, 배우려는 의지가 있고 남성적이고 충성스럽기에 '교정가능함'	→ 어린애다움을 서구화와 근대화 혹은 기독교화를 통해 개선함	→
유치한(childish) 인도인: 무지하나 배우려는 의지가 없고, 감사할 줄 모르고 야만적이며, 예측 불가능할 정도로 폭력적이고 충성스럽지 않기에 '교정 불가능'	→ 반란을 통제하고 내부 평화를 보장하고, 강력한 행정과 법치를 제공함으로써 유치함을 억제함	→ 하나의 완벽하게 동질화된 문화·정치·경제적 세계에서의 자유주의적 공리주의 혹은 급진적 유토피아의 협력관계

    생애주기 재구성을 통해서 식민주의를 정당화하는 과정의 주요 요소 한가지는 아직 언급하지 않았다. 그것이 인도의 식민주의문화에 중요하지 않아서가 아니라, 내가 생각하기에 그 요소는 인도와 중국의 특수한 것이라서 근대 식민주의 일반에 적용하기에는 어렵기 때문이다. 이제 나는 그 요소의 핵심적인 면모만 간략히 설명하려 한다.

    근대 유럽은 여성과 아동뿐 아니라 노년에게서도 정당성을 박탈했다.[25] 유대-기독교 전통은 항상 나이가 드는 것을 죄의 결과이자, 그런 본질적인 인간본성이 자연스럽게 드러나는 과정으로 간주하는 면이 있었다. 그리하여 시신의 부패는 인간이 지닌 죄의 속성을 말해주는 표식으로만 간주된 것이다. 남유럽의 옛 속담에 따르면 사람의 외모는 청년기까지는 신이 만든 형상대로인 반면 그 이후로는 그 사람의 실체를 보여준다. 인간의 타락한 본성에 대한 강조와 더불어 성숙한 남성성이라는 유럽의 새로운 이데올로기에서 전면으로 부각된 것이 바로 그러한 명제였고, 그리하여 오직 성인 남자만이 완전한 인간에 그런대로 근접한 존재가 되는 세계상이 완성되기에 이르렀다. ('순수한' 지성을 부정하며 지혜를 대변하는) 노인들은 점점 사회적으로 하찮은 존재로 여겨졌는데, 열등한 신체능력과 더불어 그들의 사회적 생산성과 문화적 역할이 쉽사리 계측될 수 없기 때문이었다. 당시의 활용 가능한 기술을 고려할 때 그런 이데올로기의 변화가 새로이 부상 중이었던 '생산적' 노동과 '성취'의 원칙에 잘 맞아떨어졌다는 사실은 언급조차 필요치 않을 것이다. 그 원칙들은 새로운 정치적·사회적 제도에서 돈으로 환산되면서 귀하게 모셔졌다.

성숙한 남성성이라는 이데올로기의 이런 요소는 몇몇 선택된 경우에 식민지로 수출됐다. 키어넌(Kiernan)은 인도가 아무리 유럽의 기준으로는 기이한 성격을 띤다 하더라도 그 나름의 문명을 갖추고 있다는 사실에 쉽사리 대처할 수 없었던 영국 식민주의의 이데올로기적인 곤경을 거론한 바 있다. 새로 발견된 아프리카는 강한 민속적·구비적·농촌적 특성 때문에 손쉽게 야만적이라고 결론 내릴 수 있었다. 그러나 유럽의 오리엔탈리스트와 심지어 첫세대 식민통치자들이 연구했고, 때로는 경외했던 인도와 중국을 그렇게 취급하기는 어려웠다. 여러 면을 두루 고려할 때 이 두 나라에는 4000년이 넘는 공적 삶의 전통, (그 모든 구비문화적 특성에도 불구하고) 잘 발달된 문필 전통, 종종 유럽 최고의 지성을 사로잡은 대안적인 철학 예술 및 과학 전통이 존재했다. (예컨대 이슬람교 전파 이전의 이집트와는 달리) 인도의 과거가 현재에도 유지된다는 사실은 상황을 더욱 복잡하게 만들었다. 따라서 인도의 정치적·문화적 '쇠퇴'에 대한 어떤 설명이 제시되어야만 했다.

식민주의 이데올로기는 이 문제를 서로 모순되는 두가지 방식으로 대처했다. 첫째, 인도의 과거와 현재 사이에 명확한 단절이 상정됐다. 문명화한 인도는 지나간 과거에 속하며, 그 과거의 인도는 현재는 죽어서 '박물관에 안치됐다'는 것이다. 이어서 현재의 인도는 그 과거의 역사와 명목상으로만 연결되어 있다고 설명됐다. 현재의 인도는 한때 젊고 창조적이었던 인도의 노쇠하고 병든 판본이라는 점에서만 인도였다. 대중적인 신화에 의하면, 막스 뮐러(Max Müller)는 인도에 대한 사랑과 인도학에 관한 선구적인 업적에도 불구하고 제자들이 인도를 방문하는 것을 금했다. 그에게 현재의 살아 있는 인도는 진정한 인도가 아니며 진정한 인도는 단지 죽어 있을 뿐이었다.

이어서 역설적으로, 식민주의문화는 인도의 쇠퇴가—무언가 영향을 미쳤다면 인도의 비합리적이고 억압적이며 퇴행적인 요소와 맞서 싸움으로써 오히려 인도문화를 개선한—식민통치 때문이 아니라 상당한 강점에도 불구하고 이후의 몰락을 가져올 씨앗을 품고 있던 인도 전통문화의 여러 측면들 때문이라고 주장했다. 인도문화는 죄 많은 인간처럼 매우 노쇠한 노년기를 보내고 있었다. (힌두교의 파파(papa, '죄악의 행위'를 뜻함)개념은 인도문화의 치명적인 약점을 말해주는 주된 증거 중의 하나로 여겨지기도 했는데, 이는 종교개혁 이후의 기독교적 '죄'라는 강력하게 내면적인 개념을 함축하지 않았다는 사실 때문이었다. 슈바이처 같은 인물조차 이러한 이데올로기에 물들었는데, 그는 그것을 자신의 힌두교 해석의 중심적인 토대로 삼았던 것이다.[26] 그리하여 이런 주장은 인도문화의 연속성을 상정했지만, 그 연속성은 인도문화의 덕목보다 죄악에 더 많이 해당됐다. 한편 인도문화의 덕목을 설명하기 위해서는 인도와 근대 세계와의 접촉을 말해야 했다.

4

이러한 식민주의적인 범주에 대한 대응이자 그 일부이기도 했던 인도문화의 요소를 재배열하려던 시도의 주요한 면모는 무엇이었던가? 이 질문에 관한 최선의 해답은, 남성적인 것과 여성적인 것에 대한 힌두교의 전통적 지향을 재평가함으로써——비정상적이고 미성숙하며 유아적인 원시성에 대조되는——성숙한 성인의 정상성이라는 근대적 개념에 대처했던 몇몇 19세기 인물들을 통해 찾을 수 있다.[27]

식민통치 아래 변화하던 가치에 발맞추어 가장 극적인 방식으로 민중적인 신화를 재정의하고자 했던 이는 아마도 마이클 마두수단 더트(Michael Madhusudan Dutt, 1824~73)일 것이다. 그가 벵골어로 창작한 서사시 「메그나드와드 카비야」(Meghnādvadh Kāvya)는 그가 살아 있을 때 이미 벵골 문학사상 가장 위대한 작품이라는 칭송을 받았다.[28] 원래 그는 생활방식과 이데올로기 측면 모두에서 서구화된 면모를 과시한 사람이었고, 심지어 영국 성공회를 통해 기독교를 받아들인 후에는 힌두교에는 눈곱만큼도 관심이 없다고 선언하기까지 했다. 애초에 그는 영문학계에 이름을 남기고자 했지만, 10년이 지나지 않아 다시 모국어로 회귀했고, 푸라나(purāṇic) 서사시〔푸라나는 고대 인도의 종교 경전, 특히 힌두교 경전의 한 장르로 주로 이야기를 통해 가르침을 주는 설화집이다)의 일부를 탁월하게 재해석한 몇편의 작품을 썼다. 그중 「메그나드와드」가 최고였다.

잘 알려진 바와 같이 「메그나드와드」는 대서사시 「라마야나」(Rāmāyaṇa)를 새롭게 쓴 작품이다. 전통적으로 신성한 주인공이었던 라마(Rāma)와 그의 동생 락슈마나(Lakṣmaṇa)는 이 작품에서 우유부단하고, 수동적 공격성을 드러내는 여성적 악당으로 변모한 반면, 악마적인 라바나(Rāvaṇa)와 그의 아들 메그나드(Meghnād)는 당당하고 남성적인 근대적 영웅으로 묘사됐다. 「메그나드와드」는 라마와 라바나의 만남을 정치 투쟁으로 해석했으며, 이때 도덕을 대변하는 쪽은 과거의 악마들이었다. 이 서사시는 부패한 과거의 신들이 메그나드로 상징되는 용기있고 자부심 넘치며 성취지향적인 동시에 경쟁적이고 효율적이며 기술적으로 우월한 '진취적'인 악마를 이기고 그를 살해하는 것으로 끝난다.

「메그나드와드」가 「라마야나」를 최초로 재해석한 작품은 아니다. 마두수단 이전에도 남인도에서는 그 신들에 대한 대안적인 서사 전통이 종종 사회적 갈등과 논쟁을 야기했고, 자이나(Jaina)교도들 사이에서도 다른 판본의 「라마야나」 서사시로 인해 공동체 간에 갈등이 발생하기도 했다.[29] 어쨌든 라마는 그 아무리 신적인 존재였다 하더라도,

전통적으로 모든 선의 최종적인 거처는 아니었다. 셈족의 (semitic) 신과는 달리 라마는 보다 인간적이었고, 보다 두드러지게 선과 악, 용기와 비겁함, 남성성과 여성성이 혼재된 존재였다. 라바나 역시 전통적으로 결코 악하기만 한 존재는 아니었다. 그는 진정한 영적 성취를 이룩한 업적을 보유하고 있는 것으로 간주되어왔다.

그러므로 마두수단 더트는 인도의 살아 있는 반대 전통에 속하는 인물이었다. (그는 정치적으로 우스꽝스러운 존재가 되지는 않았다. 그의 생애 동안에는 영국이 정치적으로는 가장 강력했지만 인도 내의 여러 세력 중 하나에 불과했고 서구문화는 식민통치 세력과 식민지인 양편에서 오직 소수의 지지만을 받았기에 통제 가능했던 시대가 채 끝나지 않았기 때문이다.) 동시에 마두수단이 자신의 작품에서 행한 라마와 라바나의 역할 전도는 식민지 상황에 대한 직접적인 반응이었다. 그는 남성적인 활기, 숙련된 전투기술, 역사와 현실정치에 대한 감각 때문에 라바나를 숭배했고, 소유를 추구하는 세속적 가치에 대한 라바나의 '성인다운' '정상적인' 헌신과 그의 소비자로서의 삶에 대한 열망을 받아들였다. 반면 마두수단은 ― 그의 표현을 빌리자면 ― '라마와 그 일당'을 경멸했는데, 그들이 선택에 의해서가 아니라 그저 약한 탓에 소박한 삶을 사는 여성적이고 무력한 사이비 금욕주의자였기 때문이었다.

모든 형태의 경쟁적인 개인의 업적을 부정하고 성 역할의 차이를 강조하지 않으며 첨단기술을 중시하지 않고 신화와 역사에 동등한 지위를 부여하며 소유적 개인주의와 소비주의를 포함하는 쾌락주의를 거부하는 문화에서 마두수단이 제시한 반대 입장은 명백한 정치적 의미를 띠고 있었다. 그러나 이렇게 말한다고 해서 라바나를 통해 명시적으로 표현된 가치가 인도 전통과 철저히 이질적이었다는 뜻은 아니다. 사실 그 가치들은 존경과 찬탄을 불러일으키는 신화적 존재들과 종종 관련지어졌었다. 그러나 대체로 그러한 가치들은 각각의 문화에서 밀교적이라고 정의된 그토록 많은 전통들과 마찬가지로 봉쇄되거나 주변화됐다. 결국 라바나 자신조차 베다〔Vedas, '지식' 또는 '앎'이라는 뜻으로 고대 인도를 바탕으로 하는 신화적·종교적 문헌을 가리킨다〕에 능통하며 그리고 여러 해의 고행(Tapas) 끝에 신성한 근원으로부터 힘을 얻은 존재로 간주된 것이다. 그리고 라바나의 훌륭한 자질은 락샤사〔rākṣasa, 악마의 하나로 나찰羅刹이라고도 한다〕적 자아라는 견고한 틀 내에서 인식됐다. 마두수단은 라바나를 이 전통적인 속박에서 해방했고, 그에게 추방된 목가적 왕(라마)의 비세속적 정치와 반(反)기술주의에 맞서 싸우는 과학적이고 학식 높은 근대적인 크샤트리아 왕의 위상을 부여했다.

「메그나드와드」는 비극이다. 마두수단의 영웅들은 비

극 전통이 없는 것처럼 보이는 문화에서 어느 정도 기이한 존재들이다. 그러나 이 작품이 인도 전통에서 어떻게 이탈했는지를 완전히 이해하자면 푸라나적 전통에도 삶과 문학 양면에서 비극적인 것에 관한 분명한 개념이 존재했음을 인식해야만 한다. 이 서사시적 전통에서 비극은 장려하게 묘사되는 영웅의 최종적인 패배나 죽음, 혹은 사악한 인물의 최종적인 승리를 중심으로 전개되지 않았다. 비극은 시간의 웅장한 흐름, 즉 가장 강한 자와 가장 비천한 자, 획기적인 사건과 사소한 사건, 그리고 '영구한' 것과 일시적인 것 모두에 해당되는 불가피한 쇠락과 부패에 있었다. 대서사시 「마하바라타」(Māhabhārata)에서 찾자면, 쿠루크셰트라(Kurukṣetra)전투에서의 극적인 승리 이후에 벌어진 스스로 선택했으나 운명적이기도 했던 판다바 형제(Pāṇḍavas)의 장엄한 죽음(mahāprasthāna)과 크리슈나(Kṛṣṇa) 신 — 외롭고 나이 들고 향수에 젖은, 그리고 얼마간 잊혀진 — 의 죽음은 내가 전달하려고 하는 것을 훌륭하게 예증한다. 〔판다바 왕자 5형제는 그들의 사촌인 100명의 카우라바 왕자들과 쿠르 왕국의 왕위를 걸고 델리 인근 쿠루크셰트라에서 18일간 전투를 벌인다. 전투 끝에 판다바 형제가 승리한다. 그러나 그들의 승리를 도운 크리슈나 신이 나이가 들어 은퇴한 후 숲에서 지내다가 명상 중에 사냥꾼이 쏜 화살에 맞아 죽게 된다. 이에 판다바 형제는 살아갈 의미를 잃고 그들의 공동 아내인 드라우파디와 함께 히말라야로 가서

작은 개울을 건너 인드라 신의 천국으로 들어간다. 즉 모두 자살한다.)

「메그나드와드」는 다른 종류의 비극개념을 구현하고 있다. 이 작품에서는 잘 정의된 윤리적 기준에 따라 선과 악이 명확하게 구분됐을 뿐만 아니라 악이 최후의 승리를 거두었다. 전통적으로 략샤사는 지배적인 규범과 전통에 얽매이지 않는 남성성의 악마적인 형태를 대표했다. 이제 이 악마적인 남성성의 여러 면모가 새로운 식민주의문화와 그 문화가 대중화한 프로메테우스 신화의 변주에 의거해 긍정적인 것으로 인정받게 됐다. 마두수단은 메그나드와드를 비극으로 만들고, 독자가 그 영웅들과 동일시하도록 유도함으로써 그의 영웅들이 구현하고 있는 성격 유형에 정당성을 부여했고 (자신이 속한 공동체의 세계관 내에서) 그와 공존 가능한 남성성과 성숙함에 대한 개념들뿐만 아니라 새롭게 부상하는 근대성 이데올로기를 지지했다. 이제 전통적인 인도의 남성성에서 열등한 것으로 여겨져 속박됐던 요소들이 기존의 문화적 이미지와 신화의 도움을 받아 지배적인 것으로 부상하게 됐다.

마두수단은 위와 같은 방식을 통해 람모훈 로이(Rammohun Roy, 1772~1833)의 초기 문화비평을 시대에 맞추어 갱신했다.[30] 람모훈은 ─ 인도 동부지역이 식민화되면서 과거의 생활양식과 가치로부터 소외되어야 했던 사람들을 위해서 ─ 팽창 중이던 인도의 중간계급 도시문화에 조직화된 종교, 신성한 경전, 일신교, 그리고 무엇보다도 가부장적인 신이라는 관념을 도입했다. 동시에 그는 샹카라차리야(Śaṅkārācārya, 아차리야ārācārya는 종교적 학식이 많은 스승을 가리키는 말로 샹카라차리야는 힌두교 철학 중 샹키아 학파를 창시한 샹카라Śaṅkāra를 높여 부르는 말이다)의 불이일원론(不二一元論)을 '오독'함으로써, 즉 여성성을 탈신비화하고 마술성을 일상적인 여성성과 초월적인 남성적 원칙에서 찾음으로써 남성성에 대한 새로운 정의를 제시했다. 그리하여 그는 인도 여성들이 의식·무의식적으로 공유했던, 자연과 정치 및 사회적 삶에서 발생한 양육 실패에 대한 책임에서 그들을 해방하고자 했다. 한편 사회개조를 위한 람모훈의 철학이 제기한 사안들에 무지했던 마두수단은 인도적 세계관에 남성과 여성, 그리고 성숙과 미성숙에 관한 서구적 개념을 포함시켰다. 그리하여 다수의 인도인들에게 서구가 인도문화의 더 가치 있는 측면을 대변하는 것처럼 보이도록 함으로써 인도에서 서구의 존재를 자연스럽게 하고자 했다. 이전에 부정됐던 라바나의 과잉남성적인 락샤사적 자질은 이제 진정한 성인의 남성성을 대변하는 악마-왕의 영웅적인 특질이 됐다. 반면 인도인들이 여러세대에 걸쳐 선에 대한 자신들의 복잡한 개념을 투사해왔던, 여러 면모를 갖춘 라마의 열린 성격특성은 열등하거나 심지어 거짓된 선개념을 대변하는 비남성적이고 미성숙하며 무력한 신성으로 추락했다.

여기는 마두수단이 남성성과 정상성을 새롭게 정의하도록 압력을 가한 오이디푸스적 열망을 논의하는 자리가 아니다. 오히려 기억해야 할 점은, 인도문화를 대표해서 남성성과 여성성에 대한 서구적 개념을 '길들이려' 했던 마두수단의 노력이 경주됐던 때가 아직 영국 제국주의의 위력과 영광이 최고조에 도달하기 전이었다는 사실이다. 그 결과 그에게서는 방어적인 태도가 거의 드러나지 않았다. 인도 전통에 관한 그의 공세적인 비평방식은 인도의 주요 사회개혁운동이 취한 논조와 같았다. 즉 그의 비평은 그저 인도문화를 인도적 관점이나 심지어 서구적 관점에 의거해서 설명하려는 시도가 아니었다. 그것은 인도적 관점에서 서구를 설명한 후에 서구를 하나의 불가피한 경험으로서 인도문화에 통합하려는 시도였다.

이제 식민주의에 대한 문화비평의 두번째 조류를 살펴보려 한다. 두번째 조류 역시 재해석된 힌두교 경전에 기반하고 있지만, 실상 그 비평은 식민주의적 세계관에서 빌려온 전통적 신성개념에 의거해 정당화된 핵심 가치들에 의존했다. 이 조류를 대표하는 가장 창의적인 인물은 아마도 뱅킴찬드라 차터르지(Bankimchandra Chatterjee, 1838~94)일 것이다. 그의 소설과 산문은 비판적 힌두주의의 이전 모델들을 주변화하면서, 기독교인들을 강하게 한 것처럼 보이는 자질들을 힌두교의 과거, 즉 잃어버린 힌두교의 황금시대에 투사하는 새로운 정치문화의 틀을 제시했다.

1세대 인도 민족주의자들, 특히 벵골 지역의 테러리스트들의 바이블이 된 그의 소설 「아난다마트」(Ānandamath)는 힌두교에 대한 그러한 새로운 규정의 정치적 함의를 직접적으로 제시하려는 시도였다.[31] 그 소설에 등장하는 힌두교의 산야시(Sannyāsīs) 조직이 특정 서구 기독교 교파에서 유지되던 사제제도에 대응한다는 것은 명백해 보였다. 실로 그 조직은 서구적 성격을 띠었는데, 그들은 역사적 감각을 갖추었고 종교의 조직적 측면을 강조했으며 무엇보다도 힌두적인 관점에서 영국의 식민통치를 역사적으로 필연적이며 정당한 일시적 현상으로 받아들였다.

그러나 크리슈나 신에 대한 뱅킴찬드라의 우아한 에세이야말로 새로운 형태의 힌두교가 성립하는 데 필요했던 고리, 즉 전통적인 신성에 대한 재해석을 제공했다.[32] 마두수단이 「라마야나」를 통해 추구했던 것을 뱅킴찬드라는 마하바라타와 크리슈나를 다룬 다섯 편의 푸라나를 통해 달성하고자 했다. 뱅킴찬드라는 역사적이며 역사의식을 갖추고 있는 크리슈나를 창조하고자 했는데, 이 새로운 크리슈나는 근대적 규범에 비추어볼 때 일관적이고 자의식적이며 도덕적이어야 했다. 그는 크리슈나를 역사 속에 자리매김하기 위해서, 그리고 성·정치·사회관계에 관한 새로운 규범에 어긋나는 그 신의 성격적 특질이 드러나는 대목을 거짓이라고 논박하기 위해서 크리슈나가 등장하는 모든 고대 자료를 검토했다. 그가 창조한 크리슈나는 온화하고 천진하며 자기 모순적이고 때로는 도덕을 어기는 존재로서 자신을 숭배하는 평범한 사람들과 일상에서 어울리며, 가끔씩만 위대한 신들과 함께 악행을 벌주는 등 활동적이고 생산적으로 변모하는 신은 아니었다. 뱅킴찬드라는 아동 신 혹은 장난끼 많은—때로는 성적인 유희도 벌이는—청소년 신이자 철학적으로 명민하면서도 현실적인 이상주의자이기도 한 양성적 존재로서의 크리슈나를 흠모하지 않았다. 그의 크리슈나는 본격 종교로서 힌두교의 영광을 수호하고 힌두교를 내적으로 일관성있는 도덕적·문화적인 체계로 유지할 수 있는 점잖고 정의로우며 교훈적인 '강건한' 신이었다. 뱅킴찬드라는 기독교와 이슬람교 신의 최우선적인 요건인 철저한 완전성[33]에 부합하지 않으며, 후대에 추가된—따라서 진정한 것이 아닌—크리슈나의 모든 특질을 부정했다. 뱅킴찬드라의 목표는 크리슈나를 진보적인 서구인이 보기에도 그 숭배자들을 부끄럽게 하지 않을 이교도적이지 않고 정상적인 남성 신으로 만드는 것이었다.

힌두교 승려인 스와미(Swami, '승려' 또는 '출가승'의 존칭)
다야난다 사라스와티(Dayananda Saraswati, 1824~83)와 스
와미 비베카난다(Vivekananda, 1863~1902) 또한 이렇게 생
각했고, 그 생각을 더욱 발전시켰다. 두 승려는 식민주의
적 문화가 인도 사회에 깊숙하게 침투한 이후에야 등장했
다. 그때쯤 다수의 인도인들이 서구적 가치를 광범위하게
내면화하면서 서구의 심리적 침입이 시작됐다. 인도인의
성격개조에 대한 지나친 강조가 부당한 형태의 서구화를
새로이 확장할 뿐이라는 사실을 외면하고서야 대중정치보
다 문화적 개혁을 우선시할 수 있었다.

그러나 그것이 바로 이 두 가공할 스와미가 한 짓이었
다. 그들은 자신들의 근본적인 가치를 서구적 세계관에서
빌려왔고, 정통적인 힌두교 부흥주의자라는 세간의 인상
에도 불구하고 힌두교도에 대한 가차없는 비판을 퍼부었
다. 또한 고대의 힌두교도는 위대했지만—그들의 관점
에서 위대하다는 것은 정력적이고 성숙하다는 것을 뜻했
다—경전에 입각한 브라만주의와 진정한 크샤트리아와
의 관계를 잃어버리면서 전락했다는 입장을 취했다. 만약
크샤트리아적 속성 혹은 군사적인 용맹함이 지배자의 최
우선적인 특질이라면 당연히 이러한 특질을 더 많이 갖춘
이가 통치자로서의 자격이 있다는 것이다. 위와 같은 입장
이 당대 힌두교도들에 대한 칭송일 리는 없었고, 오히려

그것은 일군의 서구 오리엔탈리스트의 이데올로기나 식민주의적 사유의 지배적인 틀에 완벽하게 부합했다.[34]

비베카난다와 다야난다 또한 힌두교를 기독교화하고자 했으며, 특히 바람직한 인간상에 대한 지배적인 힌두교 개념의 측면에서 그러했다. 그러는 중에 그들은 서구를 힘 또는 헤게모니와 동일시했고, 그러한 특질을 우월한 문명의 특성이라고 인식했다. 이어서 그들은 서구와 인도의 차이점을 열거하고 서구의 우월성이 이 차이에서 기인한다고 판단했다. 그 이후 생애 내내 이 둘은 불운한 힌두교도들에게 서구의 문화적 특질을 받아들이라고 권고했다. 예상되는 바 그들은——인도문화는 복잡하고 개방적인 체계이기에——힌두교 자체에 가치 있는 서구적 특질을 지지하는 전통이 내재하지만, 지금의 '못난' 힌두교도들은 힌두교의 그런 측면을 놓쳤다고 보았다. 그들이 구축하고자 한 힌두교의 주요 면모 또한 쉽게 예상할 수 있었다. 그들은 힌두교를 사제조직과 교회시설 그리고 선교사를 갖춘 체계적인 종교로 탈바꿈시키고자 했다. 그들은 포교와 종교적 의식화의 개념도 받아들였다. (기독교도이거나 이슬람교도인 인도인들이 혐오한 정화의식 수디(Śuddhi, 순수성·청정·양심 등을 뜻함) 또한 19세기에 서구 기독교의 영향으로 힌두교에 도입된 셈족 문화의 요소였다.) 그들은 셈족의 신조를 따라 절대적인 경전의 개념도 도입하고자 했으며

(베다와 기타Gītā가 그 둘에게는 그런 경전에 해당했다), 객관적이고 인과관계를 따르는 단선적인 역사관념, 그리고 일신교와 유사한 종교개념도 받아들였다. (비베카난다는 매우 희귀한 형태의 일신교, 즉 여성 신을 섬기는 유사 일신교적인 교리를 창안해내기까지 했다.) 끝으로 가톨릭 교회와 칼뱅파 신교 양쪽으로부터 각기 얼마간 영향을 받은 청교도주의와 세속적인 금욕주의 또한 그들이 구상한 힌두교의 요소였다.

이러한 힌두교 모델은, 힌두교도의 남성성 상실과 문화적 쇠락은 그들이 서구인과 공유했던 원래의 아리아인적 자질을 상실했기 때문이라는 인식으로 이어질 수밖에 없었다. 자신이 세운 힌두교 교회를 아리야 사마지(Arya Samaj)라고 이름 붙인 다야난다의 결정에는 그러한 정치적 의미가 내포되어 있었던 것이다. 또한 그 모델은 근본적인 심리적·제도적 변화를 강조하는 입장과는 다른 형태의 비판적 힌두교, 즉 정치적 변화를 우선적으로 강조하고 동시대의 힌두교도들을 있는 그대로 받아들여 영국 식민주의와 투쟁하려 했던 여타 힌두교 분파들에 대한 거부를 낳을 수밖에 없었다. (예컨대 간디는 후일 힌두교도를 교도로서가 아니라 인도인으로서 조직했고, 힌두교에 비조직적이고 무정부주의적이며 개방적인 종교로서의 특성을 유지할 수 있는 권리를 허용했다.) 두번째 모델의 힌두교가 점차 반식민주의 투쟁의 요구와 양립 불가능해졌고, 문화적 자기비판시에 외래의 범주를 과도하게 중시함으로써 간접적으로 식민통치에 협력하게 된 것은 놀라운 일이 아니다.

이 두번째 모델은 또 하나의 정치적 역설에 갇혀 있었다. 식민통치의 첫 국면에서 (당시 영국에 협조적인 힌두교도들의 참여가 정권에 유리했기 때문에) 영국의 지배자들은 힌두교도의 정치적 참여를 지지했으나, 이후 영국인들은 인도의 민족주의가 성장함에 따라 이를 막고자 했다. 역으로 처음 영국의 지배자들은 인도의 모든 사회개혁운동을 탐탁지 않게 생각했고 인도의 개혁가들이 바꾸고자 투쟁했던 사회적 구습을 개혁하는 법률을 통과시키는 데 수십년을 끌었지만, 이후 그들은 (특히 인도의 국민성에 초점을 맞춘) 사회개혁에 이어 정치적 개혁이 뒤따르리라고 기대하던 민족주의 분파들을 후원했다.

비판적 힌두교의 두번째 모델을 받아들인 이들 중에서도 예외적인 경우가 있었다. 여러 테러리스트과 그중에서도 특히나 전설적이었던 비나야크 사바르카르(Vinayak D. Savarkar)와 수바스 찬드라 보스(Subas Chandra Bose)는 민족주의적 대의를 위해 대단한 용기를 발휘하고 크나큰 희생을 감수했던 것이다. 그러나 그 모델은 서구의 문화적 관념이 힌두교사상의 가장 깊숙한 지점까지 침투하도록 허용했고, 정치적 종속과 경제적 후진성에 대한 서구의 문화이론을 받아들였다. 서구의 진보이론에 대응하고 이제 내면화되기까지 한, 새로이 창안된 단선적인 힌두교의 역사감각은 그러한 목적에 완벽하게 부합했다. 그것을 통해 인도인은 제국주의적인 종교와 맞닥뜨린 열등감을 역사에 투사하고, 힌두교의 황금시대를 근대 서구의 고대적 판본으로 간주할 수 있었다.[35]

요약하자면 서로 적대적인 것처럼 보임에도 불구하고 위에 소개한 정치적 의식의 두 조류는 모두 인도인들을 위해 문화적·정치적 자아에 대한 구상을 내놓았지만, 그 구상들은 모두 그 자체가 다소 식민주의적이었다. 람모훈 로이 같은 이들에 의해 발전된 첫번째 조류는 나중에는 그 지지자나 적대자 모두에게 서구적 세계관에 더 굴종적인 것으로 보였지만―또 실제 그렇게 됐지만―적어도 경험상으로는 두번째 조류보다 더 큰 자존감과 자율성에 기반했다.

그 두 조류 중 어느 쪽도 인도인의 자존감과 문화적 자율성을 위한 적절한 기반을 제공할 수 없다는 사실은 완전히 뿌리내린 영국 식민주의문화 속에서 사는 사람들에게 점차적이긴 했지만 명백해졌다. 그러나 인도의 전통을 비판적인 시각에서 파악하고, 서구문화가 그 전통에 끼친 영향의 본질을 평가하며, 그 참다운 성격을 깨뜨리지 않으면서 인도문화를 갱신할 수 있는 대안적인 모델은 보이지 않았다.

그러나 이미 19세기부터 이 정체 상태를 돌파하려는 산발적인 시도들이 있었다. 비디야사가르(Iswarchandra Vidyasagar, 1820~91) 같은 이들은 식민주의와 힌두교에 대한 비판적인 의식과 문화적·개인적 진정성을 결합하는 새로운 정치적 의식의 창출을 도모했다. 그리하여 비디야사가르의 전기작가가 그를 평가했듯이 '19세기의 (…) 문화적 충돌 속에서 풍부해지고 굳건해진' 인물들이 등장했다.[36] 비디야사가르 역시 주로 인도 여성에 대한 제도화된 폭력에 맞서 싸움으로써 정치보다는 사회개혁을 우선시했다. 그러나 힌두교에 대한 비디야사가르의 진단은 문화적 열등감이 아니라, 힌두교 자체의 모순에 대한 그 자신의 인식에 뿌리를 두고 있었다. 그래서 인도 여성을 위해 투쟁할 때에도 그는 남성성과 여성성에 대한 서구화된 이상이나 문화적인 진보이론에 입각하지 않았다. 그는 힌두교를 셈족의 종교처럼 만들고 그 결과를 완성된 국가이론으로 채택하기를 거부했다. 그리하여 인도 사회는 그를 무시할 수도 용서할 수도 없었다. (죽음 직전에 이 힌두교 사제는 임박한 자신의 죽음을 축하하기 위해 그의 집 앞에서 연주하는 밴드의 음악을 들을 수 있었다.) 비디야사가르의 힌두교는 위험할 정도로 현재의 힌두교처럼 보였기에 정통 힌두교 신자에게 전복적이라고 여겨졌다. 동시에 그의 문화비평은 인도문화를 비판하고 문화적 변화를 모색하는 앞선 두 모델을 추종하는 사람들에게조차 근본주의적으로 보였다. 그는 힌두교의 배교자나 옹호자로 단순히 정리한 후에 무시해버릴 수 있는 인물이 아니었다.

비디야사가르는 경쟁관계에 있던 두 문화비평 모델이 제시하는 규범적이고 제도적인 몇몇 목표를 거부함으로써 위와 같은 문화적 위상을 확보했다. 그는 현재처럼 몰락하기 이전 존재했다는 힌두교도들의 황금시대라는 이미지를 활용하지 않으려 했으며, 비힌두교도들이 인도를 지배했던 시대에 대한 애착 역시 없었다. 또한 그는 힌두교를 이슬람적이거나 서구적인 의미에서의 '본격 종교'로 읽어내는 것에 저항했고, '남성성'이나 '성숙'의 이데올로기도 부정했으며, 강한 힌두교도들의 국가를 건설하거나 힌두교를 서구의 문화적 잠식에 대한 완벽한 해독제로 옹호함으로써 서구에게 앙갚음하기를 거부했다. 그가 보호하고자 애쓴 대상은 힌두교의 공식적인 틀이 아니라, 새로운 읽기와 내부비판을 허용하는 힌두교 경전의 권위와 여러 하위문화 간의 개방적이고도 무정부적인 연합으로서의 힌두교 정신이었다.

그리하여 비디야사가르의 반식민주의는 그에게 따라붙는 통속적인 벵골 지방의 바드라록(Bhadralok, '신사'라는 뜻으로 영국 지배기에 벵골 지방에 새롭게 등장한 명문가 계층)의 정형적인 이미지에도 불구하고 서구적인 합리주의로 규정될 수는 없었다. 또한 그의 반식민주의는 과하게 반동적이지는 않았다. 그런 인상이 (공세적일 정도로 전통적인 인도 복장, 대인관계의 스타일, 식습관을 포함하는)[37] 그의 일상생활의 여러 면모에 의해서 조장되기는 했지만 말이다. 비디야사가르는 그 무엇이기에 앞서 브라만 사제이자 학자였으며 자신의 개혁에 부합하는 명확한 경전해석 입장을 견지한 논객이었다.[38] 그러나 그는 새로운 판본의 힌두교를 포교하려는 종교인은 아니었기에 간디처럼 마하트마라는 칭호를 부여받는 일은 없었다. 그러나 그는 간디와 마찬가지로 자신이 정통 힌두교도라고 선언하고 자신의 힌두교는 식민지 경험을 포괄하기에 자신의 적들이 따르는 힌두교보다 낫다고 주장할 수 있었을 것이다.

비디야사가르는 가난한 농촌 출신이었지만, 시대적 상황으로 말미암아 그의 반대 입장은 도시 중간계급 너머까지 확산되어 인도 사회의 주변부 세력을 동원하거나—산스크리트적인 것에 대비되는—민속적인 힌두교를 창의적으로 활용할 수는 없었다. 그러나 그의 힌두교 모델은 '과잉남성성'과 '정상성' 이데올로기에 단호하게 저항했다. 비디야사가르에 대한 널리 퍼진 해석은 그런 사실을 표현하고 있었다. 언젠가 마두수단 더트는 그 고집 세고 불같은 성격의 브라만이 '벵골족 어머니의 따뜻한 가슴'을 가졌다고 쓴 적이 있으며, 그가 살아 있는 동안에도 '천둥보다 강인하고 꽃보다 부드러운'이라는 산스크리트어 어구가 진부한 대로 그의 양성성에 대한 표준적인 설명으로 통용됐다. 당시에도 기존 권위에 공세적으로 도전하는 동시에 그런 권위에 대한 권위 있는 재해석을 내놓는 그의 면모가 식민주의적 진보이론의 몇몇 기본 명제, 특히 인도인과 영국인이 공동으로 구축한 '합법적인 불평등'이라는 명제에 도전한다는 암묵적인 인식이 널리 퍼져 있었다. 비록 비디야사가르가 그 같은 반대 입장을 철저히 정치화하는 데 실패했더라도 최소한 그는 인도가 필요로 하는 것을 충족하기 위해서 '불가피하되' 일시적인 식민주의적 억압을 수단화하고자 했다. 그리고 그는 그러한 시도를 하면서 인도의 필요에 대한 공리주의적이고 사회진화론적인 서구의 급진적 관념을 받아들이지 않았다.

5

식민화의 문제는 해외의 식민지 국가에만 해당되는 것이 아니었다. 그래서 식민지에서 완수된 것과는 거리가 먼 탈식민화 과정은 본국에서, 우리의 학교와 평등을 요구하는 여성들, 그리고 아동의 교육 과정 등을 위시한 다양한 영역에서 진행 중이다. (…) 만약 어떤 문화가 다른 문화를 파괴할 수 있는 것으로 드러난다면 (…) 그러한 문화가 발휘하는 파괴력은 내부적으로도 작용한다.

—마노니(O. Mannoni)[39]

양심을 달래기 위해서 다른 인간을 동물로 여기는 습관을 들이게 되는 식민주의자들은 실제로 다른 인간을 동물로 취급하는 데 익숙해지며, 더 나아가 스스로를 객체화해 동물로 변형하는 경향이 있었다. (…) 그들은 자신들이 인도인, 힌두교도, 남태평양 군도의 주민들, 그리고 아프리카인을 단순히 도살하는 것이라고 생각했다. 실상 그들은 유럽문명이 자유롭게 발전할 수 있도록 떠받치고 있던 방벽들을 차례로 허물어왔다.

—아이메 쎄자르(Aimé Césaire)[40]

식민주의가 빚어낸 개괄적인 심리의 면모는 알려져 있다. 옥따브 마노니, 프란츠 파농, 알베르 메미(Albert Memmi) 같은 예리한 저자들 덕택에 특히 아프리카에서[41] 식민주의 상황을 구성했던 인간관계의 핵심적인 특성이 밝혀졌다. 그러나 식민지를 개척한 국가에서 식민화가 야기한 문화적·심리적 병리현상은 아직까지도 덜 알려져 있다.

식민주의의 유일한 피해자는 피지배 국가라는 것이 일반적인 견해다. 이 견해에 따르면 식민주의는 한편에게만 혜택을 가져다주는 경제체제를 지칭한다. 식민지 국가는 제로섬게임에서 언제나 손해를 입는 반면 지배 국가는 수혜자이기만 하다는 것이다. 그것은 식민주의 자체가 확산시킨 인간정신과 역사에 대한 견해였다. 그 견해에는 식민주의자도 최소한 식민지인만큼은 식민주의 이데올로기에 영향을 받으며, 그들은 때때로 끔찍하게 망가질 수 있다는 사실을 부정하는 이점이 있기 때문이다. 식민주의의 해악에 대한 유럽 지식인들의 그 모든 상투적 수사 이면에는 식민주의가 유럽에 가져다주는 이익은—주되게 물질적인 성격을 띠는 한에서—실질적인 반면, 그 손실은—사회적 관계와 심리적 상태와 관련한 한에서—그렇지 않다는 표명되지 않은 믿음이 깔려 있었다.

식민주의에 대한 그보다 덜 대중적인 해석을 시도하기 위해서—나는 그 해석이 식민주의 이데올로기에 덜 오염됐길 희망한다—역사상 가장 안정되고 정교하게 관리된 식민체제 중의 하나인 영국령 인도의 사례를 활용할 것이다. 그 사례들은 아이메가 식민주의자의 '탈문명화'라고 부른 현상이 결국 무력한 환상이 아니었으며, 만노니, 파농 등도 동의할 수 있는 실증적인 현실임을 보여줄 것이다.[42] 파농은 알제리에서 독립운동가를 고문했던 한 경찰관이 자신의 부인과 자식들에게도 폭력적으로 바뀌어가는 모습을 묘사한 바 있다.[43] 열렬하게 정치적인 파농의 정신의학 관점에서도 그 경찰관은 독립운동가에게 했던 짓을 가족과 그 자신에게도 되풀이할 수밖에 없었다는 것은 명백해졌다. 심리적 과정으로서 식민주의는 다른 영역에서도 동일한 패턴이 반복되는 억압의 원리를 증명하는 것이다. 그 원리는 심리학적 인간의 시대를 위해서 신약성서와 아마도 마하바라타의 『사웁티카 파르와』(*Sauptika Parva*, '잠자는 이의 책'이라는 뜻으로 마하바라타 18권 중 10번째 책이다)에 함축되어 있는 고대의 지혜를 새롭게 고쳐 쓰고 있다. '다른 사람들이 네게 하지 않기를 바라는 일을 그들에게 하지 마라. 네가 그들에게 한 일을 너 자신에게 되풀이하지 않도록.'

식민주의가 인도에 끼친 영향은 아주 깊었다. 식민주의가 야기한 경제적 착취와 심리적 뿌리 뽑힘, 그리고 문화적인 혼란은 엄청났다.[44] 그러나 인도는 거대한 영토에서 수억의 인구가 살고 있는 나라였다. 중앙집권적 최고 권력의 존재에도 불구하고 인도는 문화적으로는 파편화되고 정치적으로도 이질적이었다. 그래서 제국주의의 문화적 영향은 도시 중심부와 서구화되거나 반(半)서구화된 상층 혹은 중간계급, 그리고 일부 전통적 엘리트에게 국한됐다.

상대적으로 동질성을 띤 작은 섬나라였던 식민지 본국의 사정은 달랐다. 영국인들은 식민통치의 경험에 압도됐고, 그 결과 식민주의가 영국 사회에 끼친 장기적인 문화적 손상은 인도보다 컸다.

우선, 식민지 개척의 경험은 영국의 내부 문화를 변화시켰다. 그 경험은 영국 정치문화의 가장 덜 온화하고 비인간적인 부분을 두드러지게 만들기 시작했다. 그것은 사색·사고·동포애(caritas)를 여성적이라고 평가 절하하고 인간 본성의 부드러운 측면이 공적인 분야와 어울리지 않는다고 주장하면서 여성과 여성성의 제한된 문화적 역할을 정당화했으며, 경쟁·성취·통제·생산성 같은 가치를 내세워 노골적으로 새로운 형태의 제도화된 폭력과 냉혹한 사회 진화론을 승인했다.[45] 또 식민주의가 조장한, 수단으로서의 하위계급이라는 관념은 산업자본주의의 필요에 완벽히 부합했고, 식민지에서의 위계질서는 약간만 변형된 채 영국 사회에도 적용됐다. 식민주의는 장남이 아닌 아들들과 부인들은 물론 '그 모든 그런저런 기타 등등의 존재'들이 겪은 비극이었다.

비록 각자가 겪은 비극의 애상에 빠져 있지만 제국의 무덤가를 거니는 사람은 누구나 그 모든 낭비와 젊은이들의 희생, 그리고 부질없는 용기와 불필요했던 이별에 의구심을 품지 않을 수 없다. 해안가의 음악당에서 울려 퍼지는 웅대한 옛 행진곡이 서글픔을 동반하듯, 퇴색해 가는 제국의 이미지와 그보다도 더 낡아버린 깃발과 성벽의 모습은 이제 눈물의 안개 속에서 희미해져가는 것처럼 보인다.[46]

이어서 역설적으로, 식민주의 이데올로기는 영국 사회에 거짓된 문화적 동질감을 조장했다. 그것은 계급제도의 고착화와 국내의 정치적 분열에 대한 지적 인식이 확산되고 급속한 산업화 과정에서 삶의 질이 하락하면서 발생했을 근본적 문화비평을 억제하면서 사회적 의식을 동결했다. 식민주의는 식민지 사회에 대안적인 신분상승 노선을 열어놓고, 영토 확장을 위한 식민주의 전쟁이나 제국주의의 영광을 다투는 야심찬 다른 유럽국가들과의 전쟁을 통해 민족주의적인 감정을 자극함으로써 사회적 분열을 감추었다. 소수 엘리트들이 거의 완벽하게 영국을 지배할 수 있었던 것은, 그 존재 자체로 영국 사회에 대한 간접적인 문화적 비판이 됐던 이들—사회질서에 만족하지 못하고 그 스트레스로 동요하던 반(反)사회적 일탈집단—을 식민지로 보낼 수 있었기 때문이다. 나는 여기서 억압받은 집단의 분노에서 유래했으나, 그 분노의 대상이 지배 집단에서 함께 억압받는 다른 집단으로 전치된 범죄행위를 말하고 있다.[47] 그러한 전치는 일부 식민주의 옹호론자들도 인정한 것이었다. 다음은 카를 지거(Carl Siger)라는 이가 프랑스의 식민주의 경험에 대해 말한 내용이다.

새로운 식민지는 개인의 폭력적인 행동을 표출할 광범위한 장소를 제공해준다. 그런 행동들은 대도시가 발달한 본국에서라면 여러 도덕적 기준과 착실하고 정돈된 생활에 대한 생각들과 충돌했겠지만, 식민지에서는 그것을 추구할 자유가 더 많이 주어졌고 그 결과 그 가치를 증명할 기회 또한 더 많았다. 그리하여 식민지는 어느 정도는 근대사회의 안전판 역할을 했다. 그것이 비록 식민지의 유일한 가치라고 하더라도, 그 가치는 대단한 것이었다.[48]

비록 영국인들은 위와 같은 방식으로 의견을 정리하지는 않았겠지만, 그러한 논리는 영국의 지배문화에 항상 깃들어 있었다.

셋째, 영국인들에게는 그들을 인도인으로부터 분리할 뿐 아니라 그들끼리도 분리하는, 포스터(E. M. Forster)가 '미발달된 마음'(undeveloped heart)이라고 부른 것이 생겨났다.[49] 그러한 미발달은 ─ 우리 시대에도 자주 '상투적인' 폭력을 유발하는 ─ 감정으로부터 인식의 소외 혹

제1장 식민주의적 심리 85

은 사고와 감정의 병리적 결합이라는 형태로 발현됐다. 영국에서 제국주의이론은 여타 영역과 분리된 정치적 입장으로만 머물지 않고 종교적·윤리적 이론이자 우주론의 핵심적인 요소가 됐다. 그것은 변화하는 영국 사회의 내부적인 요구를 구조화했을 뿐만 아니라, 엄청난 군사적·기술적 능력을 획득하면서 전세계적인 규모로 작동하기 시작한 '원시적'인 종교적·사회적 의식을 기묘한 방식으로 표출했다. 옥스퍼드의 주교 리처드 콩그리브(Richard Congreve)는 '신께서는 자신에게 바치라고 인도를 우리에게 맡기셨기에 우리는 인도를 포기할 권리가 없다'라고 말한 바 있다.[50] 후에 영국 수상이 되는 러셀(John Russel)이 아프리카를 두고 한 발언 또한 인도에 적용될 수 있을 것이다. 그는 식민지 개척의 목적은 종교적인 가르침을 확산하는 것, 즉 피지배자들과 '기독교의 축복을 함께 나누는 것'이라고 선언했다.[51] 이렇듯 이 두명의 명사는 제국의 책무나 국익뿐만 아니라 생생한 종교적 의무감에 대해서도 표현했다. 제임스 모리스(James Morris)는 다음과 같이 깔끔하게 정리했다. "제국주의의 진정한 동기나 방법에 신경쓰지 마라. 영국 제국주의의 절정기에 영국인들은 자신들이 신과 여왕의 이름으로 순수하고도 고귀한 모습으로 신성한 목적을 수행하고 있다고 진심으로 믿었다."[52] 지배자 쪽에서 종교적 의무감에 대응하는 것이─일부 인도인들이 신봉했던 우주론에 기반한 숙명론을 포함해 점차 확산되고 의식적으로 선전된—식민지배를 종교적 의무로 받아들이는 인도인들의 태도였다. 차터르지의 소설 「아난다마트」는 심지어 새로운 단계적 역사발전이론에 근거해서 그러한 태도를 정당화하고자 했다.

마지막으로 프랜시스 허친스(Francis Hutchins)와 루이스 우르가프트(Lewis D. Wurgaft)가 인도를 예로 삼아 그토록 설득력 있게 주장했듯이, 식민주의는 식민주의자들에게 자신들이 전능하며 영속적인 존재라는 주술적 감정을 불러일으켰다. 이러한 감정은 식민지 본국에서도 영국인 자아상의 한 요소로 자리 잡게 됐다. 또한 영국인들은 영국 사회가 과학이 인간을 일상의 노동에서 해방해줄 발전된 기술산업 사회이자 인간의 이성과 문명화된 규범이 큰 영향력을 발휘하는 선진적인 문화 국가이며—급진적인 내부비판자를 위해서는—혁명적인 자기실현의 노정에서 한참 앞서 나가는 정치체제라는 생각을 선전했다. 브리타니아(Britania)는 단지 해상의 지배자만이 아니었다. 영국인뿐만 아니라 영국을 숭배하는 다수의 유럽인이 보기에 이 국가는 인류의 자기 의식의 미래 또한 지배했다. (영국의 자유주의와 칭송의 대상이었던 그 고립주의 역시 결정적인 면에서 식민주의에 의해서 지탱됐다. 완숙한 식민주의이론이 등장한 시기는 정확히 자유주의자들에게 영국이 나폴레옹 시대의 프랑스를 대신하여 인류의 희망으로 등장한 때였다.[53] 그러나 제국이 붕괴되자 영국의 자유주의는 인종차별적인 이면을 드러냈고 그 유명한 고립주의도 전면적인 서구화에 길을 내주었다. 영국 또한 그 나름의 서구가 있었다. 그리하여 언젠가 말콤 머거리지Malcom Muggeridge가 말했듯이 일부 인도인만이 세계를 통틀어 유일하게 살아남은 영국인Britons이 될 지경에 이르렀다.)

자끄 엘륄(Jacques Ellul)은 근대 세계의 두가지 주요 신화가 과학과 역사라고 주장했다.[54] 이 두 신화의 개략적 면모와 그 초기의 '발전주의적인 병리현상' 그리고 그 두가지 신화와 결부된 마술적 성격은 19세기 영국의 지배적인 우주론에서 찾을 수 있다.

이 문화적 병리현상은 영국 사회에서 네종류의 구분되는 반응을 불러 일으켰다. 그중에서도 좀더 두드러진 반응은 러디어드 키플링과 조지 오웰에게서 나타난다. 키플링이 식민주의와 동조하는 병적인 자기증오와 자아의 속박을 대변한다면, 오웰은 진정으로 식민주의와 대립하며 식민주의적 의식을 극복함으로써만 확보할 수 있는 비판적인 도덕성과 (상대적이긴 하지만) 자유의식을 대변한다. 두 사람 모두 직간접적으로 식민지 환경에 노출됐으며, 그 방식은 극단적으로 달랐지만 권위·책임·심리적 안정감·자존감·위계·권력·복음주의 등에 대한 생각들과 씨름했다. 세번째 반응은 간접적이고 비자각적이었으며 겉보기에는 비정치적이었다. 그런 반응은 오스카 와일드(Oscar Wilde) 같은 개인이나 블룸즈버리(Bloomsbury) 그룹의 여러 일원들 그리고 옥스퍼드와 케임브리지 같은 엘리트 교육기관의 문화에서 나타났는데, 바로 과잉사회화와 과잉 남성성에 대한 그들의 혼란스럽고 개인적이며 '병리적인' 저항이었다. 여기서 나는 몇몇 정치적으로 의식적인 지식인들의 공식적인 급진주의가 아니라, 점차 영국문화 전체를 장악해간 정상성과 일탈에 관한 공식적인 개념에 반대했던 겉보기에는 비정치적이었고 그다지 명료하지도 않았던 저항을 말하고 있다.

끝으로 식민지를 개척하던 영국 사회에 완전히 등을 돌리고 인도 편에서 투쟁했던, 수는 많지 않지만 심리적으로는 중요했던 대응이 있었다. 그들 중 일부는 기술주의적인 유토피아와 근대성 바깥에서 대안적인 이상사회의 비전을 탐색하던 중에 서구적인 생활양식에서 멀어지게 됐다. 그들은 홉스적인 영향에서 완전히 벗어난 새로운 형태의 유토피아를 모색한 존재들이었다. 마거릿 노블(Margaret Noble, 1867~1911)로 태어났던 니베디타(Sister Nivedita)와 애니 베선트(Annie Besant, 1847~1933), 그리고 매들렌 슬레이드(Madeleine Slade, 1892~1982)로 태어났던 미라벤(Mirabehn) 등은 인도의 종교와 지식 및 사회적 개입방식에서 영국 사회에 대한 저항 모델뿐만 아니라, 양성성에 대한 더 큰 관용과 여성의 사회적·정치적 참여에 정당성과 더불어 더 깊은 의미를 부여해줄 새로운 형태의 초월성을 찾는 자신들의 모색에 대한 보호막을 발견했다.[55] 그러나 우리의 논의에 보다 합당한 인물은 결코 서구와 멀어지지 않은 채 인도 반식민주의 투쟁의 어떤 조류에 영감을 받아 전통적인 기독교의 덕성을 새롭게 긍정하는 동시에 서구 기독교의 의의를 풍부하게 찾아낸 앤드루스(C. F. Andrews, 1871~1940) 같은 인물이다. 그들에게 인도는 영국 제국주의의 앞잡이가 된 조직화된 서구 기독교의 타락한 모습을 비춰주는 동시에 기독교의 사회적 개입이 전개될 수 있는 곳이었다.

이제 나는 그 네가지 반응을 간략하게 기술해보려 한다.

식민지배 세력이 자존감을 유지하는 데 필요한 정치적 신화를 가장 창의적으로 구축한 이는 아마도 키플링일 것이다. 키플링이 창안한 제국주의 이데올로기에 담긴 심리적인 좌표는 오늘날에도 서구인이 생각하는 비서구에 대한 이미지에 그대로 남아 있는 경우가 흔하다.

이 책의 다른 부분에서 나는 키플링이 통합된 정체성을 가진 광적인 제국주의자 그 이상의 존재라는 것을 보여주고자 그의 어린 시절 경험과 세계관을 기술한다. 키플링은 자기혐오를 느끼며 인도성에 동화된 자아의 한 측면을 부인하려고 애썼던 비극적인 인물이라는 것이 내 주장이다. 인도에서 목가적인 유년기를 보냈지만 잔인했던 영국과의 첫 대면 때문에 자아의 그런 측면이 패배와 소외, 그리고 폭력과 동일시됐기 때문이다.[56] 이런 상태에서 키플링은 로버트 클라이브(Robert Clive)에서 윈스턴 처칠(Winston Churchill)에 이르는 시기 영국 사회와 영국의 식민지배를 겪던 인도에서 일어난 고통스러운 문화적 변화 과정을 자신의 삶에서 되풀이했다.

대략 17세기 이래로 유럽인의 성격특성에서 과도하게 사회화되고, 과잉남성적인 측면이 점차적으로 여성 혹은 아동적인 면모, 나중에는 '원시적인 것'으로 여겨지던 문화적 특질을 대체해나갔다. 농민적인 우주관의 일부였던 그러한 특질은 업적 내지는 생산성과 결부되지 않은 문화의 요소로서 그 가치를 인정받아왔다. 이제 그런 특질들은 주류 유럽문명에서 이질적인 것으로 거부되어야 했고, 유럽의 '하층 문화'와 유럽문명이 접촉하게 된 새로운 문화에 투사되어야만 했다. 식민지가 한편으로는 아이 같고 순진하지만, 다른 한편으로는 그릇되고 나약하며 수동적 공격성(passive-aggressive)을 드러내는 이들이 사는 곳으로 여겨지게 된 것은 그 과정의 일부였다. 키플링은 아이다움의 긍정적인 자질이 훌륭한 야만인과 — 예컨대 경가 딘

(Gunga Din)으로 대변되는 헌신적이며 복종하는 인도의 용맹한 종족── 제국의 식민통치를 위해 먼 이국에서 의무를 다하다 때 이른 죽음을 맞은 '토미'(Tommie)를 공급하는 애국적이고 심성 바른 영국 하층계급의 덕성이라고 주장했다. 반면 유치하거나 여성적인 수동적 공격성은 나약한 인도 민족주의자들이나 용맹한 종족 출신이 아닌 가짜 사힙이나 바부, 그리고 그들을 지지하는 무지하고 얄팍한 영국의 자유주의자들의 특성이었다. 수동적 공격성은 '야만적인' 아프리카와는 달리 겉보기에는 문명을 보유한 것처럼 보이는 인도의 특성이었다.

이것이 식민주의 정신과, 근대성과 진보를 내세우는 식민주의의 문명화 사명이 궁극적으로 뜻하는 바였다. 키플링은 자신의 통합된 자아를 찾는 모색의 일부로서 그러한 문화적 관념을 강화하는 새로운 신화를 창안했을 뿐이었다. 마르쿠제(Herbert Marcuse)의 남용된 표현을 빌려 말하자면, 키플링의 그런 시도는 외적인 억압체계를 반영하는 내적 억압의 한 사례였다. 키플링이 제시한, 여성적이고 수동적 공격성을 드러내며 '반(半)야만적이고 반(半)아동적'인 인도인상은 식민지 인도인의 정형 이상의 것이었다. 그것은 키플링의 진짜 자아와 유럽의 다른 얼굴을 이루는 어떤 면모였다.

키플링 인생의 대단원은 그의 작품이 여러세대에 걸쳐

어린 독자들에게 성공을 거두면서 서구뿐만 아니라 인도에서도 그의 위상이 그에게 비판적인 인사들을 거의 압도하게 됐을 때 찾아왔다. 바로 그의 하나뿐인 아들이 그토록 소중하게 여겼던 제국의 대의를 위해 전사했을 때였다. 자기 확신에 찼던 19세기 식민주의의 산물도 아닌데다 대량살상을 야기하는 첨단기술에 기반한 근대전이 낯설었던 키플링은 크게 낙담했다. 양육해온 것을 상실한다는 두려움은 언제나 그를 따라다녔다. 키플링 소설의 등장인물들은 대개 와일드 작품의 인물처럼 고아였는데, 그들은 때때로 역할의 전도를 통해 부모 같은 존재가 됐다. 그들은 아이들이나 아이 같은 이방인들과 친구가 되거나 그들을 보호함으로써 양육의 기회를 확보했다. 아마도 그 과정에서 그 인물들은 작가인 키플링이 실제 어린이 독자들, 그리고 성인 독자들 안의 어린이와 그런 관계를 맺을 수 있도록 주선했을 것이다. 아이들 스스로가 양육자가 됨으로써 박탈당했거나 잃어버린 실제 부모의 양육을 보상해준다는 판타지 세계는 키플링의 실제 아들이 죽어버림으로써 붕괴됐다.

에드먼드 윌슨(Edmund Wilson)은 스스로에게 가한 억압만큼이나 경외해 마지않았던 제국주의에 의해서도 붕괴된 키플링의 정신을 예민하게 포착했다.[57] 윌슨은 노년을 맞아 고독하고 우울에 빠졌으며 자신이 미치지 않을까

두려워하는, 이 패배한 제국주의자의 시 한 구절에서 그런
면모를 포착했다.

> 나는 꿈이 있다──무서운 꿈이다
> 거의 박살난 꿈
> 나는 정신이 나간 한 남자를 바라보니,
> 그는 바로 내 어머니의 아들이다.

  식민주의 이데올로기에 대한 조지 오웰의 반응은 키플
링과 정반대였다. 그는 식민주의가 부정하도록 강제하는
일단의 가치들을 다시 천명하려는 직접적인 시도라 할 만
한 창의적인 신화를 내놓았다. 오웰은 영국 식민주의가──
식민통치자들을 제조해내는── '본국 문화'에 대한 수요
를 낳았고, 그 문화는 그들을 식민지의 신민들뿐만 아니라
자신들의 자아로부터도 소외시킨다는 것을 분명하게 감지
했다. 오웰은 인간 중심적이며 사회주의-인본주의적인 합
리주의에 기반했고, 그런 사상적 입장으로 인해 억압자와
피억압자 간의 연속성이라는 의미를 완전히 파악할 수 없
었다.[58] 그럼에도 불구하고 오웰은 피지배자의 예속화가
지배자의 예속화를 포함하며, 식민통치자들이 식민지 신
민들을 통제하는 것만큼 확실하게 식민지 신민들 또한 식
민통치자들을 통제한다는 것을 감지했다. 또한 그는 아마

도 어느 정도는 무의식적으로 지배자에 대한 피지배자의 통제가 은밀하고 미묘하며 내면의 억압과 관련되어 있어 그만큼 더 저항하기 어렵다는 것을 의식했다. 그에 비하면 지배자의 통제는 그 억압적인 성격이 가시적인 데다 두 문화의 외면적인 관계를 통해 표출됐다.

식민주의자의 삶을 따라다니는 일단의 불안과 공포를 생생하게 묘사하고 있는 오웰의 에세이 「코끼리 쏘기」는 그 상호 속박에 대한 가장 통렬한 묘사다.[59] 현재 서구가 겪고 있다고 볼 수 있는 문화적 위기의 모든 사안들이 그 글에서 다뤄진다. 즉 형식적이고 정형화됐으며 부분적으로 대상적인 성격을 띠는 인간관계로 말미암은 사회적 결속의 물화, 자연에 대한 도구적인 관점, 문화적 위계와 배타성을 강조하는 식민주의적 문화이론으로 말미암은 식민주의자들의 고독감, 공격적인 남성성을 과시함으로써 깊은 인상을 심어줄 필요가 있는, 속기 쉬운 아이 같은 존재라는 식민지인들에 대한 인식(그런 '관객'의 요구에 부응하기 위해서 식민주의자들은 기존의 '유희' 형식을 고수하게 된다), 그리고 강제된 제국주의자로서의 정체성을 지키기 위한 자아의 억압 등이 그 글의 주제다. 오웰은 키플링이 자신의 삶을 통해서 간접적으로 표명했지만 작품에서는 감추려고 했던 것을 자각적인 정치적 분석을 통해 공개적으로 표현한 것이다.

오웰은 기본적으로는 전체주의에 대한 비판자였다. 그러나 『동물농장』이나 『1984』를 읽은 독자라면 오웰이 진보와 평등주의 이데올로기에서 기인하는 억압도 비판했다는 점을 알 수 있다. 이 글의 논의에 더 긴밀하게 관련되는 것은 바로 오웰의 그러한 면모다. 진보라는 근대의 교의가 1세계와 2세계에서 자리 잡기 훨씬 이전에 식민지 국가들은 그 교의의 충격을 견뎌야 했기 때문이다.

오웰은 식민지에서 근무하면서 노예를 소유한 전력이 있는, 몰락 중이었지만 유서 깊은 준귀족 가문의 자손이었다. 오웰도 키플링처럼 인도에서 태어나서 영국에서 성장했다. 그러나 그는 아주 어렸을 때 태어난 땅에서 떠났기 때문에 인도에 관한 기억이 없었고, 그런 탓에 표준적인 영국 중산층의 방식에 따라 양육됐다. 인생의 말년에 그는 자신이 억압적인 유년기를 보냈다고 믿게 되면서, '전체주의적인' 기관에 가까울 만큼 폭압적이었던 학교에서 겪은 일에 대해서 썼다. 그러나 오웰의 전기를 쓴 버나드 크릭(Bernard Crick)은 객관적으로 볼 때 오웰의 유년기가 실제로 억압적이지는 않았으며, 오웰이 이후의 문제의식과 조응하도록 그 시절의 기억을 '다시 썼다'고 주장한다.[60] 그럼에도 그는, 어른 오웰의 억압에 대한 이해와 영국내의 식민주의적 문화에 대한 그의 도전과 밀접하게 연관되는 오웰의 유년기 삶의 세가지 특징적인 면모를 강조하고 있다.

첫째, 오웰은 남성을 불결하고 폭력적이며 열등하다고 여기는, 본질적으로 여성적인 세계에서 성장했다. 오웰도 키플링처럼 일찍부터 정신적인 삶에 대한 선호를 드러냈고, 금욕주의, (특히 동성애적인 것에 대한) 성적 청교도주의, 근면, 스포츠맨십, 과잉남성성 같은 서로 갈등하는 관념들에 따라 조직된 학교에서 자신이 불리한 위치에 있다고 느꼈다.[61] 역시 키플링과 마찬가지로 오웰은 예민하고 고립적인 소년이었고, 바로 그 때문에 학교에서 인기가 없었고 괴롭힘을 당했다. 그러나 이런 유년기 경험의 최종적인 결과는 키플링과 매우 달랐다. 남성성에 대해 양가적이었던 유년기 삶의 환경으로 인해 오웰은 과잉남성적인 당대의 지배문화를 받아들이지 않을 수 있었던 것이다. 그래서 오웰은 본질적으로 가부장적 세계관에 대해 적대적인 태도를 유지하게 된다.

둘째, 오웰의 자서전에 따르면 어린 오웰은 일찍 자신이 "선하게 사는 것이 가능하지 않는 세계"에 살고 있다는 것을 깨달았다. "이 세계의 (…) 규칙은 실제로는 (…) 그것을 준수하는 것이 가능하지 않게 만들어진 것이었다."[62] 이런 인식에는 아마도 선할 수 없는 무능력은 특히 약자에게 해당된다는 좀더 구체적인 깨달음도 포함됐다. 크릭처럼 이런 인식을 모두 '선별적 기억'으로 취급할 수도 있겠지만, 경험에 근거한 신조로 보는 것도 가능하다. 오웰은 오줌싸개였고, 이 '범죄'로 인해 체벌과 모멸감을 견디며 학교에서 살아가는 법을 익혀야만 했다. 빅토리아 시대의 도덕은 오웰에게 오줌싸는 것이 사악하다고 가르쳤지만 그 사악함은 오웰의 통제를 벗어나 있었다. "죄악이란 반드시 네가 저지른 어떤 것이 아니라 너에게 닥친 무엇일 수도 있었다."[63]

셋째, 오웰이 삶의 행동원리에 대해 최초의 암시를 받은 곳은 학교였지만, 스스로 밝히기를 그것에 대해 명확하게 깨닫는 데는 20년이 걸렸다. "강한 자가 지배하는 세계에서 약자는" "그 규칙을 깨거나 망하는" 길밖에 없었다. 후에 오웰은, 약자는 "스스로 다른 규칙을 만들 권리"를 가졌다고 주장하게 된다.[64] 만약 약자에게 "살고자 하는 본능"이 없다면 그들은 "승리할 자격이 있는 강자와 패배해 마땅하며 항상, 영원히 그래왔던 약자가 존재하는" 세계를 받아들여만 했다.[65]

이상하게 들릴 수도 있지만, 만약 '올바른' 가치를 지녔다면 오웰은 키플링의 영웅들 중 한명이 될 수도 있었다. 오웰은 영국의 하층계급뿐만 아니라 인도의 '원주민'에 대해서도 올바른 접근방식을 보여주었던 것이다. 즉 그에게는 전적인 동일시를 배제한 깊은 공감, 도덕적 책임의식, 그리고 그 시대가 요구하는 성가신 일을 수행하도록 하는 종류의 얽매이지 않는 정신이 있었다. 그러나 오웰은 이러한 올바른 접근방식을 다른 용도로 사용했다. 그는 최종적으로는 제국주의를 통해 실현된, 근대 영국의 지배적인 중간계급 문화의 비판자가 됐다.

식민주의에 대한 영국 내의 반응 중 세번째 유형은 '정신병리적'이고 '범죄적'인 자기표현양식을 통해 영국적 자아의 보다 여성적인 측면을 보호했다. 그런 반응은 옥스브리지(Oxbridge)와 블룸즈버리 같은 몇몇 고립된 지리적·심리적 공간에서나 자신의 성적 정체성에 대해 갈등했고, 간접적으로 그 개인적 갈등을 이데올로기 문제로 제기하려 했던 소수 개인에게서 나왔다. 그들 대다수는 그들 내면의 충동이 다른 이들도 겪는 사적인 갈등이자 공동의 정치적 진술이기도 하다는 것을 인식하지 못했다. 그럼에도 불구하고 그들의 개인적인 삶과 그들이 추구한 인간관계의 분위기는 오스카 와일드, 무어(G. E. Moore, 1873~1958), 존 메이너드 케인즈(John Maynard Keynes, 1883~1946), 리턴 스트레치(Lytton Strachey, 1880~1932), 버지니아 울프(Virginia Woolf, 1882~1941), 서머싯 몸(Somerset Maugham, 1874~1965), 포스터 그리고 오든(W. H. Auden, 1907~73) 같은 일군의 비정치적인 인사들을 식민주의 세계관에 대한 살아 있는 항의자로서 도드라지게 했다.

정신분석학자인 로런스 쿠비(Lawrence Kubie)는 버지니아 울프 같이 재능 있는 인물들을 특징짓는 양성성의 탐색과 그와 관련된 고뇌를 상세하게 탐구했다.[66] 그 고뇌는 영국에서 양성의 공존이라는 생물학적 사실의 심리적 대응물인 양성성(androgyny)이라는 비주류 전통이 부정되는 문화적 맥락에서 더욱 심화됐다.[67] 19세기와 20세기 영국에서 다수의 창의적인 인물들이 채택한, 유미주의적이며 신헬레니즘적인 '고귀한 남색(男色)' 이데올로기는 영국 사회가 여성성을 불결하고 열등하며 반사회적인 것으로 평가 절하하고 남성 속 여성성의 존재는 사실상 인간성 전체에 대한 부정이라며 거부했던 것을 고려하지 않고는 설명될 수 없다. 인도 식민주의문화가 푸루샤트와와 클리바트와의 대립적 성격을 강조한 것과 마찬가지로 영국에서는 '과잉남성성'이라는 원리의 지배적인 위상을 더욱 공고히 다지려는 노력이 존재했던 것이다. 식민주의는 영국의 대중적인 성적 전형들을 활용하여 이런 대립구도에 저항하는 영국적 의식의 조류들을 주변화하는 데 기여하기만 했다.

나는 드물게 창의적이었으며 겉보기에는 영국과 인도 간의 정치와 관련이 없던 인물인 오스카 와일드의 사례를 살펴보고자 한다. 와일드의 삶에 대한 리처드 엘만(Richard Ellmann)의 최근 에세이는 곧장 와일드의 섹슈얼리티가 어느 정도로 문화적 현상이며 항의의 진술이었는지를 보여 준다.[68] 와일드의 연인인 보시(Bossie, 알프레드 더글러스 경Lord Alfred Douglas)의 복수심 가득한 아버지 퀸스베리 후작(Marquess of Queensberry)은 노골적인 보수주의자였을 뿐만 아니라 와일드의 비전형적인 성적 정체성을 부정하는 세력을 전형적으로 대변하는 인물이었다. 와일드와 그의 연인은 자신들의 존재가, 자신의 남성적 자아를 넘어 영국 전체의 남성적 자아를 지지하던 고루한 후작을 부정하는 것이라고 인식했다. 후작은 자신의 이름을 딴 '퀸스베리 룰'이라는 권투경기 규칙을 만들기도 했는데, 그가 규칙을 따르는 폭력을 규정하고 또 스포츠맨십(공격적인 영국적 남성성의 궁극 미덕)에 대한 순응을 요청하며 상징적으로 추구한 것도 앞서 언급한 남성적 자아에 대한 승인이었다.[69] 와일드가 퀸스베리 후작에게서 부정하고자 했던 것도 바로 그것이었다. 와일드의 작은 아들 비비안 홀랜드(Vyvyan Holland)는 후에 와일드가 '관습적인 것에 대한 공포'가 있었으며, 그가 영국 사회에 의해서 파멸한 것은 그 탓이 크다고 썼다.[70] 와일드는 제국주의가 기존의 관습과 상식에 담긴 병리에 기반하고 있다는 것을 인식하지 못했다. 제국주의는 영국 민중문화의 이 두가지 요소에 근거해 도덕적 문명이라는 자기상을 선전함으로써 그 정당성을 확보했다. 그러나 와일드는 관습적인 것, 특히

성적 규범에 대한 정형화된 정의에 도전함으로써 간접적으로나마 영국 식민주의의 기본 전제들을 위협했다.

그가 보다 신중하게 행동했다면, 예컨대 그가 후작에 대한 형사소송을 제기하지 않았다면 와일드의 동성애는 '용서받았을' 것이라는 사실은 잘 알려져 있다. 빅토리아 시대 영국은, 일부 주변적 집단의 삶의 양식으로만 수용되고 공개적으로 과시되지 않는 한 와일드 같은 성적 정체성을 관용할 용의가 있었다.

그러나 와일드는 자신의 동성애를 보란 듯이 하나의 문화적 이데올로기로 활용함으로써, 남녀관계에 대한 명확하게 규정된 규범을 갖추었으며 성격이 잘 규정된 남성들의 공동체라는 영국 사회의 지배적인 자기상을 받아들이지 않겠다고 위협했다. 영국의 엘리트문화가 와일드에게서 관용할 수 없었던 것은 엄격하게 정의된 성역할로부터의 대담한 일탈이었다. 극도의 유미주의자인 와일드는 몰랐지만, 영국 사회는 수천마일 떨어진 식민지에서 그 정의로부터 정치적 의미를 끌어내고 있었다.

오스카 와일드는 또다른 영역에서는 '유치함으로' 사회적 존중에 도전했다. 문학평론가인 엘만은 와일드의 이데올로기 가운데 이런 요소를 강조했는데, 나는 그에게 영감을 받아 본질적으로 무정치적인 와일드를 식민주의를 낳은 정치문화에 대한, 비자각적이면서도 거의 완벽한 비판자로로서 개념화할 수 있었다.[71] 와일드는 "비평의 목적은 대상을 그 자체 그 모습대로 파악하는 것이다"라는 매튜 아놀드(Matthew Arnold)의 금언을 거부했다. 와일드에게 비평의 목적은 대상을 실제 그 모습과는 다르게 파악하는 것이었다. 그런 생각은 '예술을 위한 예술'이라는 오래된 입장과 통한다고 볼 수도 있지만, 엘만이 말한 것처럼 예술은 '자연이 아닌 어떤 것'이라는 삐까소(Picasso)의 신조를 앞서 표명한 것으로 읽을 수도 있다. 그렇다면 그것은 후에 아도르노(Theodor Adorno)와 마르쿠제가 시도하는, 과도하게 사회화된 사유에 대한 비판을 앞서 구현한 것이 된다. 존재하는 것에 도전하는 예술은 전복적인 예술이다. 그런 예술은 "있는 그대로의 현실을 잠식하기" 때문이다. 그리하여 와일드는 역사에 도전하는 역사가를 경외하게 되는 것이다.

그는 사실에 굴복하는 대신 사실 위에 군림하는 역사가들을 칭송한다. 후에 그는 더욱 대담하게 다음과 같이 말하게 된다. '우리가 역사에 빚지고 있는 단 하나의 의무는 그것을 다시 쓰는 것이다.' 이 발언은, 우리가 자연과 현실 및 세계에 빚지고 있는 유일한 의무(변덕이 더 나은 말일 듯싶다)는 그것을 재구성하는 것이라는 보다 너른 발상을 표현하는 한 사례다.[72]

모든 면을 고려하더라도 와일드는 결국 주변적인 인물이었다. 삶에 대한 그의 철학 역시 영국 사회의 변방에 속했다. 그의 성적 일탈과 역사와 일상생활에 대한 그의 비판 어느 것도 영국의 주류문화로부터 이해받지 못했다. 적절하게도 그가 쓴 희곡과 소설의 인물들에게는 부모가 없었다.[73] 가까이에 권위적인 인물이 없었기에 그들은 권위와의 격렬한 갈등을 겪을 일이 없었다. 이런 인물들의 유머는 근접한 것에 대한 분명한 도전보다는 막연한 저항에서 비롯됐다. 이제는 관습적인 남성성과 정상적인 역사에 도전했던 서구문화 비평을 검토해야 할 때인 것 같은데, 그 비평 대상은 보다 명확하게 표현되고 문화적으로 정당화되는 어떤 이데올로기를 구성하는 요소들이었다. 달리 말하자면, 이제 나는 부모를 가진 반대 입장을 논의할 것이다.

인도에서는 존경받고 있으나 영국에서는 잊힌 인물인 찰스 프리어 앤드루스는 부모로부터 종교와 비순응적 태도를 물려받았다.[74] 앤드루스는 오웰처럼 어머니가 가장 아끼는 자식이었고, 키플링과 오웰 모두와 마찬가지로 가톨릭 사도교회(Catholic Apostolic Church)의 사제였던 아버지와는 사이가 좋지 않았다. 그는 아동기에 종교적인 신화와 이미지에 깊은 영향을 받았으며, 보통의 경우보다는 서양 고전을 많이 접했다. 후에 그는 그 시절의 가족생활을 '근대 사상의 흐름과 차단된 벽촌에서의 삶' 같았다고 묘사했다.[75] 또 그 역시 키플링·오웰과 마찬가지로 비참한 학창시절을 보냈는데, 공부에 대한 압박감도 문제였지만 주되게는 과잉보호 속에서 자란 섬세한 소년인 그가 그보다 나이 많고 크고 '거친' 소년들에게 둘러싸여 그들의 동성애적 관심의 대상이 됐기 때문이었다. 그런 관심에 대한 앤드루스의 반응이 전적으로 수동적이지는 않았지만, 그는 일생동안 그 시절의 경험을 자신 안에 있는 "악한 형태의 불결한 것"으로 기억했다. 휴 팅커(Hugh Tinker)가 쓴, 확실히 지나치게 심리주의적이라고 볼 수는 없는 그의 전기는 그 시절의 경험이 가져다준 결과를 다음과 같이 묘사했다.

찰리는 이후에 결코 여자친구를 사귀지 않았고, 그 거대한 '불결함'은 그의 정신 깊숙한 곳에 자리 잡게 됐다. 그가 무의식적으로 여성과의 육체적 사랑의 가능성을 거부한 것은 아마도 학교에 다닐 때였을 것이다. 그는 학교에 다니는 여러 해 동안 정서적인 갈등을 겪었는데, 나이가 들면서 그런 상황을 통제하게 됐지만 죄의식은 사라지지 않았다.[76]

앤드루스는 관습적인 이성애에는 힘들어했지만, 그 모든 신경쇠약과 불안한 생활에도 불구하고 항시 어린애들과는 편안한 관계를 유지했다. 그 덕분에 식민주의 이데올로기를 간파하게 됐는지는 모를 일이지만 그는 점차 다수의 지인들이 보기에 "인도인의 마음을 지녔지만 동시에 진정한 영국이기도 한 존재"[77]가 되기에 이르렀다. 그리하여 그는 타고르의 고전적 보편주의와 민중에 기반한 간디의 비판적 전통주의를 잇는 가교 역할을 하게 됐다. 앤드루스는 두 사람을 식민주의 이데올로기를 낳은 근대주의의 타당한 대안으로 보았다. 그는 타고르를 이해하는 것이 더 쉽다고 느꼈겠지만, 간디를 따라서 비판적인 기독교 윤리에 입각해 영국 식민주의를 비판했다. (그는 틀림없이 당대에 활동한 일부 기독교 선교사들의 비정치적이고 무비판적인 전통주의를 거부했을 것이며, 오늘날 마더 테레사 Mother Teresa 같은 입장의 보다 인상적이고 감동적인 실천방식도 거부했을 것이다. 그는 그런 반反정치를 받아들일 수 없는 사람이었다.)[78] 쉽게 예상되듯이 앤드루스는 인도에 머무는 동안 다수의 인도적인 것, 특히 ─ 의복, 음식, 사회관계 같은 ─ 힌두적인 사회관습을 채택했지만, 동시에 아무도 그를 타락한 기독교인으로 오해하지 않도록 신경 썼다. 그는 노년에 자신의 장례식이 합당한 기독교 양식을 따르도록 당부하기조차 했다. 확실히 그의 사회·정치적 행동주의는 자신의 인도화된 자아뿐 아니라 비근대적인 서구 전통에도 빚지고 있었다. 영국이 인도를 지배한 200년 동안에 인도 독립의 대의에 가장 열렬히 동참했다고 할 수 있는 이 서구인이 세속적인 이데올로기가 아니라 종교 전통에 입각해 활동했다는 사실은 근대의 정치적 저항이론들에 대한 하나의 논평일 것이다.

비베카난다는 끔찍한 패배주의가 만연했을 때 힌두교도의 구원이 3B, 즉 쇠고기(Beef), 근력(Biceps) 그리고 바가바드기타(Bhagvad-Gītā)에 있다고 말했다. 민족주의자이자 화학자였던 레이(P. C. Ray) 역시 언젠가 비슷한 정서를 토로했다고 전해진다. 만약 앤드루스가 그러한 제안에 맞닥뜨렸다면, 고통스러울 정도로 당혹감을 느꼈을 것이다. 제한적인 지적 자산과 단순한 이데올로기에도 불구하고 그는 자본주의, 제국주의, 그리고 기독교 간의 연계성을 파악했다.[79] 그러나 앤드루스의 기독교는 힌두 민족주의로 가장한 강인한 기독교(muscular christianity)가 아니었다. 그의 기독교는 16개 조항을 통해 열거된 간디의 믿음, 즉 동양과 서양이 근대성의 경계 밖에서 만날 수 있고, 이미 그래왔다는 것이 진실임을 보여주고자 했다.[80] 앤드루스가 거부한 것은 전통적인 서구가 아니라 근대의 영국일 뿐이었다. 간디가 앤드루스를 인도인의 마음을 가진 진정한 영국인이라고 묘사했을 때, 다음 같은 사실은 말해지지 않았다. 앤드루스는 진정한 영국인이었기에 인도인이 된 것이었다.

식민주의에 대한 영국 내부의 대응을 내가 설명한 것은—다 쓰고 나서야 알게 됐는데—인도인의 대응을 설명한 것과는 한가지 다른 점이 있다. 인도인의 경우에는 경전들과 신화를 강조한 반면, 서구인의 경우 강조된 것은 개인들이었다. 우연히 그렇게 됐던가? 아니면 이런 결과는 각각의 문화가 묘사되는 상이한 방식을 의도치 않게 확인시켜 주고 있는 것인가? 어떤 문화는 주로 개인사와 교차하는 역사적 시간을 중심으로 조직된다면, 다른 어떤 문화는 신화와 경전의 초시간적인 시간을 중심으로 조직되는가? 이후 이 글의 한절에서는 부분적이나마 이 질문에 대한 대답이 제공될 것이다.

6

그러나 타락한 서구문화에 대한 가장 창의적인 대응은 의당 그렇듯이 서구문화에 의한 희생자로부터 나왔다. 식민지 인도는 여전히 고유의 양성적 우주론과 그 표현양식을 다소간 보존하고 있었고, 결국 간디라는 인물을 통해 식민주의의 과잉남성적인 세계관에 대한 문화를 초월한 저항방식을 내놓았다. 간디가 진짜 인도인이라는 사실로 인해 그의 독특한 어법이 영국과 인도, 기독교와 힌두교 사이의 장벽을 가로지른 방식에 눈감아서는 안 된다. 비록 비서구인이었지만 간디는 항상 '다른 서구'의 살아 있는 상징이 되려고 노력했다. 간디는 승리한 주인의 지위와 제국의 책무 사이에 낀 영국문화의 근본적인 곤경을 감지하고 '활용'했을 뿐만 아니라, 공표되지는 않았지만 자신의 궁극적인 목표를 영국인들을 식민주의의 역사와 심리에서 해방하는 것이라고 규정했다. 억압받는 자들의 도덕적·문화적 우월성은 그에게 공허한 구호가 아니었다.

영국 및 여타 서구문화에 대한 간디의 열띤 탐색이 인도의 구원을 위한 이론에서 필수불가결한 부분이 된 것은 이러한 이유에서였다. 간디가 '영국이라는 테제(thesis)에 맞선 살아 있는 안티테제'[81]인 것은 사실이지만 그 안티테제는 영국에도 잠재해 있었다. 성인기 내내 간디의 가장 절친했던 친구는 인도의 독립뿐 아니라 보다 온화한 판본의 기독교라는 대의에 헌신했던 한 영국인 성직자였다. 바로 그 친구였던 앤드루스가 간디에게 의미했던 바는 토마스 만(Thomas Mann)과 지그문트 프로이트(Sigmund Freud)의 관계를 떠올리게 한다. 간디에게는 앤드루스 역시 미쳐가는 모든 '동질적' 문화의 저변에 틀림없이 존재하는──

더 정확하게는 개인의 인간성과 온전한 정신상태를 지키기 위해서 존재한다고 가정되어야만 하는——주변화된 성찰적 세력의 존재에 대한 확증이었다. 이런 믿음이 광기가 역사를 장악한 상황 속에서 단지 도덕적 입장에만 그치지 않는다는 사실은 전쟁 중의 베를린에서 전개된, 성공적인 대(對)나치 평화투쟁에 대한 샤프(Gene Sharpe)의 기록이 잘 보여준다.[82] 마찬가지로 기독교의 몇몇 찬송가와 성경 내용에 대한 간디의 애착은 단지 한 힌두교도가 인도의 소수종교에 대해 취하는 상징적인 제스처 이상의 것이었다. 그런 사실은 어떤 차원에서 기독교의 열성(劣性, recessive) 요소가 힌두교와 불교의 세계관과 완벽히 호응하며, 인간의 정신을 지키기 위한 간디의 투쟁이 실상 인간 본성의 더 온화한 측면, 즉 서구적 자아개념의 망각지대로 추방된 이른바 비남성적인 자아를 되찾기 위한 보편적인 투쟁임을 말해주고 있었다.

간디는 어떤 집단에 호소했는가? 그들은 그저 열광적이었으나 주변적인 세력이거나 무력한 소수집단이었는가? 나는 간디에게 세련된 윤리적 감수성뿐만 아니라 정치적·심리적 노련함이 있었다고 생각한다. 다음은 영국 국민성의 한 측면에 대한 묘사인데, 인도의 사상, 특히 간디의 평화주의와 서구의 공격성에 대해 듣고 자란 독자들에게 흥미로운 내용일 것이다.

(소수만이 식민지로 진출한) 하층 노동계층의 다채로운 구성원들을 제외하면, 영국인들은 스스로의 공격성을 통제하는 한편 타인의 공격성을 피하고, 아이들에게 공격적 태도가 발현하는 것을 막는 데 골몰한다. (…) 영국의 중산층과 상층계급에게 이런 공격성의 통제는 여러 세기에 걸쳐 그들의 집단적 특성을 구성하는 주된 요소였던 것으로 보인다. 운동경기라는 맥락에서 이 공격성의 통제는 '스포츠맨십'이라 불리는데, 영국인들은 그 개념을 세계 여러 지역에 소개했다. 스포츠맨십의 한 측면은 규칙에 의거해서 육체적 공격성을 통제하는 것이다. (…) 그 또다른 측면은 승자에게는 분노를 표출하지 않고 패배자를 조롱하지 않음으로써 경기 결과를 공격적이지 않은 자세로 받아들이는 것이다. 이러한 스포츠맨십 개념은 오랜 기간에 걸쳐 운동경기에서부터 비유적인 차원의 경쟁과 승부가 펼쳐지는 거의 모든 영역으로 확산됐고, '훌륭한 친구'(good sport)라는 평판은 대다수 영국인들이 소중하게 여기는 것이 됐다.[83]

나는 이 같은 관측을 인도인에 관한 니라드 초두리(Nirad C. Chaudhuri)의 견해와 대비해보고자 한다. 많은 이들이 조금의 망설임도 없이 이 인도문명의 내부비판자를 끔찍하게 반인도적인, 서양의 로비스트로 보고 거부할 것임에도 불구하고 말이다.

이즈음의 견해는 힌두교도들이 평화를 사랑하며 비폭력적이라는 것이고, 그 견해는 간디의 행적을 통해 더욱 강화됐다. 그러나 실제로는 인도인들만큼 호전적이며 피 흘리기를 좋아하는 집단도 없을 것이다. (…) 수천 단어에 이르는 아소카(Asoka)왕의 비문에서 대략 25단어만이 나머지 부분의 내용과 더 나아가 힌두교도들의 고질적인 군사주의를 증언하는 전체 산스크리트 문헌의 내용을 가리는 데 성공했다. 힌두교도의 정치사는 모든 장마다 유혈로 가득하다. 기원전 3세기의 그 불필요했던 비폭력선언과 마하트마 간디가 거의 무익했음에도 불구하고 동일한 원칙을 재천명하는 20세기 사이에 힌두교 통치술의 이론과 실제에는 비폭력에 관한 내용이 단 한 단어도 등장하지 않았다.[84]

나는 여기서 위의 두 당파적인 관측자의 도움에 힘입어 영국의 통치자와 식민지 인도인에 대한 기존의 정형적인 상을 바꾸고자 하는 것이 아니다. 내가 말하고자 하는 바는 간디의 비폭력은 아마도 일방적인 도덕극이 아니었다는 점이다. 그것은 그저 인간적인 힌두교도 대 비인간적인 영국인을 대비하고 있지도 않았다. 상인계층(Bania) 출신의 현실적 이상주의자였던 노련한 간디는 영국의 국민의식이 자신이 구축하고 있던 정치적 방법론을 거의 전적으로 지지하는 차원을 갖추고 있다고 제대로 파악한 것이다. 한편 간디는 인도에서 자신의 비폭력주의를 진정한 힌두교 혹은 핵심적인 힌두교의 전통으로 확립하기 위해서는 힘써 투쟁해야만 한다는 것을 잘 알고 있었다. 결국 스스로도 인정했다시피 간디는 비폭력이라는 발상을 인도 경전이 아니라 기독교의 '산상수훈'(Sermon on the Mount)에서 빌려왔다. 간디 이전 150여년의 식민통치 기간에 비폭력을 힌두교나 인도의 가장 핵심적인 덕목으로 내세웠던 정치 지도자나 사회 개혁가는 없었다. 그러한 생각에 가장 근접했던 이라면 다야(dayā, 자비)라는 개념을 추구했던 람모훈 로이를 꼽을 수 있다. 간디가 등장하기 한참 전 비베카난다는 영국인은 고전적인 인도 경전의 '진정한' 가르침을 따라 세속적이고 쾌락적이며 남성적인 영역에서 뛰어난 반면, 인도인은 아둔하게도 기독교의 '진정한' 가르침을 따라 수동적이고 삶을 부정하는 여성적인 피지배자가 됐다고 냉소적으로 말한 바 있다.[85] 기독교와 힌두교에 대한 비베카난다의 이해가 타당한가 여부는 여기서 논의할 문제가 아니다. 중요한 논점은 간디가 비베카난다와 동일한 인식을 했지만 그 인식을 달리 활용했다는 것이다.

간디가 인도인만큼 영국인을 해방하고자 한 것은 이러한 의미에서였다. 최근 샤탄(Chaim Shatan)이 거짓 명예이자 거짓 남성성이라고 부른 가치를 위해서, 스스로 만든 억압적인 체제에 자발적으로 구금된 지배 집단의 공포는 간디가 항시 감지하고 활용했던 어떤 것이었다.[86]

간디는 그 인식을 정치적으로 활용하기 위해서 우선 정치적 불평등 및 부정의와 상동관계를 맺고, 그것을 정당화했던 생물학적 계층화의 이데올로기에 도전했다. 앞서 언급했다시피 식민주의적 문화가 상정한 성적 정체성의 서열은 다음과 같다.

푸루샤트와 〉 나리트와 〉 클리바트와

즉 남성다움은 여성다움보다 우월하며, 이어서 여성다움은 남자에게 존재하는 여성성보다 우월하다는 것이다. 나는 이에 대해 크샤트리아가 진정한 인도인다움이라고 내세움으로써 위와 같은 위계를 받아들이는 것이 인도인이 보인 첫번째 반응이었다고 지적해왔다. 예민한 정신을 소유한 다수의 인도인들은 식민주의자들과 벌인 경기에서 승리함으로써 인도인이자 힌두교도로서의 자존심을 되찾기 위해 사춘기 시절의 성장 중이던 간디가 한 무슬림 친구에게 도움을 받아가며 시도했던 상징적인 행위를 따라

했다.[87] 즉 그들은 동료 인도인들(특히 영국 제국주의의 위엄을 목격했던 사람들)과 식민주의자들 모두를 납득시킬 만한 과잉남성성 혹은 과격한 크샤트리아적인 특질을 추구했다.

그러나 전사의 용맹함에 부여되는 정당성이 그저 국지적일 뿐 절대적이지 않았고, 조직화되지 않았기 때문에 다원적인 사회에서 식민주의자와의 그런 디오니소스적인 경기는 실패할 수밖에 없는 운명이었다. 그 점이야말로 20세기 초반 벵골, 펀자브(Panjab), 그리고 마하라슈트라(Maharashtra) 지역의 테러리스트들이 자기희생 끝에 알게 된 사실이었다. 1920년대에 그들은 영국인들보다도 오히려 인도 사회로부터 고립됐는데, 간디가 인도 정치계에 등장한 것은 그즈음이었다.

간디의 해결책은 달랐다. 간디는 두가지 다른 성적 정체성의 순위표를 가지고 있었고, 상황별 필요에 맞게 그 각각을 활용했다. 성자의 자질에 대한 인도의 대·소전통〔미국의 인류학자인 로버트 레드필드Robert Redfield는 경전 중심의 사색적인 종교 전통을 대전통으로, 경전에 구애받지 않은 비전통적이고 민속적인 종교 전통을 소전통으로 구분했다〕과 바마차리(vāmāchāri) 혹은 이른바 왼손잡이 교파가 신봉하는, 신성한 이중통합(bi-unity)을 통한 힘이라는 교리에서 고스란히 빌려온 그 첫번째는 다음과 같았다.

$$푸루샤트와$$

양성성(androgyny) 〉

$$나리트와$$

즉 남성다움과 여성다움은 동등하지만, 남성–여성의 이분법을 초월할 수 있는 능력은 그 둘보다 우월하며 신성과 성자의 자질을 보여주는 표식이었다. 간디는 이런 주장을 펴기 위해서 인도 전통문화에서 양성성의 일부 형태를 평가 절하하는 경향을 무시해야만 했다.

간디의 두번째 배열은 차례대로 남아공과 인도에서 전개된 반제국주의 운동, 특히 그 방법론을 정당화하기 위해서 동원됐다.

나리트와 〉 푸루샤트와 〉 카푸루샤트와[kāpuruṣatva, 용기 없음]

즉 여성성의 본질이 남성성의 본질보다 우월하며, 이어서 남성성의 본질은 비겁함 혹은 (산스크리트어로 표현한다면) 실패한 남성성보다 우월하다는 것이다. 이 배열이 인도 전통에 대한 여러 해석들과 부합하지 않는 것은 아니었지만, 딱 위와 같은 형식으로 표현됐을 때 새로운 차원을 얻게 됐다. 이는 첫번째 관계(나리트와 〉 푸루샤트와)

가 초월적이고 마술적인 것에 보다 직접적으로 적용된 반면 두번째 관계(푸루샤트와 〉카푸루샤트와)는 보다 일반적이고 일상적인 원리였기 때문이었다. 아마도 이 두 관계의 결합을 통해, 자기 안의 여성적인 자아를 인정함으로써 자신의 비겁함에 저항하려는 남성들은 우주의 여성적 원칙에 담긴 마술적 힘에 접근할 수 있었을 것이다.

이러한 관계들에는 몇가지 함축된 의미가 있다. 그 함의는 문화적으로 규정되고 간디가 '가정한' 것이기에, 외부 관찰자는 그 의미를 놓칠 수도 있다. 첫째, 여성해방운동이 시작되기 거의 50년 전에 간디가 그토록 반복해서 강조했던 나리트와라는 개념은 여성성에 대한 서구의 지배적인 정의를 넘어서는 의미를 담고 있었다. 거기에는 남성성보다는 여성성이 힘과 행동주의와 더 긴밀히 엮여 있으며 우주의 여성적 원칙이 남성적 원칙보다 더 강하고 위험하며 통제가 어렵다는, 여성성에 대한 인도의 전통적인 믿음이 포함되어 있었다. 그러나 이러한 여성성 개념에서 더욱 중심적이었던 것은 여성적 정체성에 있어서 부부관계보다 모성을 우위에 두는 전통적인 인도의 믿음이었다. 그런 믿음에 의하면 성의 근원이자 대상으로서의 여성은 모성과 자애심의 근원으로서의 여성보다 열등했다. 간디의 개인사로부터 어떤 정신분석학적인 설명이 도출되든지 간에 성에 대한 간디의 공포는 인도 전통에 대한 그의 독해와 완전히 부합했다.

둘째, 간디의 정치적 실천에서 지배적인 원칙이 비폭력 혹은 폭력의 회피였다면, 암시됐던 부수적인 원칙은 샤(K. J. Shah)가 불가피한 폭력이라고 부른 어떤 것이었다. 비폭력이라는 원칙은 남성이, 보호하는 모성과 (그것이 함축하는) 반남성이자 반여성 신인 아르다나리슈와라(Ardhanāriśvara)의 신성에 접근하도록 해준다. 그러나 나리트와의 문화적 의미를 생각할 때 비폭력은 남성이 강력하고 활동적인 모성적인 원칙에도 접근하도록 해주는데, 모성은 유토피아적인 바다의 아름다움을 암시하지만 동시에 마술적인 힘을 발휘하며 보호하는 존재인 것이다. 이같은 연속적인 함의를 따라가다 보면, 루돌프 부부(Lloyd and Susanne Rudolph)가 간디의 새로운 용기[88]라고 칭했던 자질은 어떤 이가 카푸루샤트와 혹은 비겁함을 극복하고 진짜 '남자'가 되도록 해준다. 그 '남자'는 남성과 여성 모두가 되고자 하는 자신의 충동을 인정함으로써 진정한 남자가 되는 도정에 들어선 것이다. 이 용기는 그 정의상 크샤트리아와는 달리 폭력성과 결부되지는 않지만, 폭력을 회피할 수 없는 상황에 처하기도 한다. 특히 폭력의 대안이 폭력보다 나쁜 것으로 볼 수 있는 부정의·불평등·억압에 대한 수동적인 관용, 다시 말해 자발적인 희생자 되기와 그로부터 발생하는 이익의 수용일 때 특히 그러했다.

종합하자면 간디는 행동주의와 용기가 공격성으로부터 해방될 수 있으며 여성성, 특히 모성과 완벽하게 양립 가능하다고 분명히 인식했다. 이 입장이 크샤트리아적인 세계관을 완전히 부정했는지 여부와는 별개로, 그것이 식민주의문화의 근간을 부정한 것만은 틀림없었다. 폭력을 행사할 수 있는 능력과 능동적 태도를 상실할 때 근원적인 힘을 잃는 것에 대한 공포를 내장한 식민주의적 문화는 서구의 우주관에 깊이 의존했다. 나는 여기서 이런 두려움의 저변에 있는 판타지—강간과 보복 강간, 유혹과 유혹에 대한 저항, 거세와 보복 거세에 대한 환상—에 대해 논의하는 것을 피했다. 실상 그 환상은, 서구인들이 문명을 전파하고 인구를 늘리며 세력을 키우기 위해서 자신들의 좁은 문화적 반경을 넘어설 때마다 남자다움에 대한 서구적 개념을 따라다녔다. (서구의 여러 지역에서 행동주의와 공격성이 깊이 결부되고 있다는 점은 다음의 사실이 잘 말해주고 있다. 즉 서구의 주요한 인종심리학인 프로이트의 정신분석학은 모든 행동주의와 권력에 대한 관심의 근원을 본능적인 공격성의 구조화에서 찾는 것이다.)

7

현재와 더불어 변하며 현재에 기반하기에, 역사 속 과
거는 현재다. (⋯) 두 세계, 즉 과거에 벌어진 사건들의
세계와 과거의 그 사건들에 대한 현재의 지식 세계가 있
는 것이 아니다. 오직 하나의 세계가 존재할 뿐이며, 그
것은 현재의 경험 세계다.

　　　　　　　　　　—마이클 오크쇼트(Michael Oakeshott)[89]

아동기와 정치적 종속 간의 식민주의적 상동관계에 대
한 간디의 응답은 간접적이었다. 그는 역사를 거부하고 역
사적 연대기에 대한 신화의 우월성을 확증했다. 간디는 그
렇게 함으로써 (식민주의 이데올로기가 식민지 사회와 그
'유아적 종족'에게 걷도록 강요한) 원시성에서 근대성으
로, 그리고 정치적 미성숙에서 성숙으로 나아가는 단선적
인 경로를 우회했다.[90] 그것이 간디가 식민주의적 인종주
의에 대처한 방식이었는데, 적어도 한명의 정신과 의사는
그 인종주의를 '취약성을 드러낼 때조차도 식민주의적 자
아의 충만함을 보여 주는' '역사적 자아의 장애이자 역사
적 질병'이라고 진단한 바 있다.[91]

(성숙이라는 이데올로기에 대한 간디의 저항에는 직접
적인 측면도 있었으나 그런 요소들은 상대적으로 비중이

크지 않았다. 간디와 접촉한 서구인과 서구화된 인도인들 모두는 최소한 한번은 간디의 어린애 같은 미소에 대해 언급했으며, 그의 추종자들과 비난자들은 각각 간디를 순진무구하거나childlike, 유치하다고childish 보았다. 간디의 '유아적인' 고집과 장난치길 좋아하는 습성, 근대 세계와 그 장치들에 대한 '미성숙한' 공격, 그의 '어린애 같은' 음식 취향과 물레 같은 상징들은 모두 성숙에 관한 관습적인 관념들에 저항하는 정치적 발판으로 간주됐다.[92] 이러한 간디의 기묘함은, 생존이 위협받는 억압 아래서 유아기로의 퇴행이 일어난다고 본 브루노 베텔하임Bruno Bettelheim의 견해에 비추어 볼 때 상쇄될 수 있다. 또한 인도에서 "여러세대에 걸친 종속 상태가 존엄을 지키는 습관을 위축시키고 그 대신 성인에게 유아의 전략을 채택하도록 가르쳤다"는 라이오넬 트릴링Lionel Trilling의 발언도 같은 취지로 이해할 수 있다.[93] 아마도 어떤 대담한 정신분석학자는 간디의 정치적 양식이 인도인들이 견뎌야 했던 억압적 문화의 자연스러운 귀결이었다고 확신을 갖고 주장할 수 있을 것이다. 그러나 나는 지금은 그 이야기의 다른 측면, 즉 간디의 특정한 정치적 입장이 즉각적인 사회적 필요와 형이상학적 차원의 저항을 통합하는 사정에 집중하려 한다.)

역사에 대한 간디의 입장은 세가지 가정에 기초하는데,

그중 둘은 인도인의 전통적인 시간 지향에서 비롯된 것이다.[94] 그 두가지 중 첫번째는 인도문화에 현저하게 나타나는 신화적 면모로서, 구조화된 환상으로서의 인도신화는 '지금 여기'와 관련된 역동성을 통해 다른 문화에서라면 역동적 역사라 불릴 만한 어떤 것이 된다. 달리 말하면 역사의 통시적 관계는 신화의 동시적 관계에 반영되며, 그 반영 시에 발생하는 변형의 규칙이 알려진다면 전자는 후자를 통해 충실히 재연될 수도 있다는 것이다. 간디에게 그런 특정한 신화 지향성은 그의 공적 의식 전반의 지향이 됐다. 공적 의식은 역사의 인과적 산물이 아니라, 기억과 반(反)기억을 통하여 역사와 비인과적으로 연결된다고 간주됐다. 서구에서는 현재가 역사가 전개되는 특별한 장이었다면, 전통적인 인도를 대변하는 존재인 간디에게는 역사가 모든 것을 아우르는 영원한 현재가 놓인 특별한 장으로서 그것은 거듭해서 재해석되기를 기다렸다. (이런 시간 지향은 앞서 언급한 고대와 인도문명 간의 부수적인 상동 관계에도 대처했지만 여기서는 그 문제는 넘어가기로 한다.)

서구 산업자본주의의 비판자들에게도 역사는 종종 그 저변에 순환성을 포함하고 있되 기본적으로 단선적인 과정이었다. 예컨대 유대·기독교적 우주론을 따르는 맑스도 역사를 다소간 다음과 같은 것으로 사고했다.

진짜 선사시대   단계를 따르는   역사의 종결
(무역사적   →   객관적 역사   →   (과학적 역사에
원시공산주의)   (계급투쟁)   기반한 계급이 철폐
된 성숙한 공산주의)

⋮ ↕

거짓 의식의 일부로
서의 거짓 역사
(이데올로기로서의
역사)

그러나 간디는 현재를 수정하거나 재확증하는 한 가능한 수단으로서 과거를 개념화해온 인도문화의 산물이었다.

현재의 한 특별   조각난 현재
한 경우로서의   →   (과거와 경쟁하   →   과거를 포함하는   →   새로운 과거
과거   는)   현재의 재구성

그러한 관점에서 볼 때 과거는 권위를 발휘할 수 있었는데, 그 권위는 변화하고 무정형이며 개입에 열려 있다는 것을 본질로 했다. 엘리아데(Mircea Eliade)는 이에 대해 다음과 같이 말했다.

근대적 인간은 자신을 보편사가 전개된 결과라고 여김에도 불구하고 역사 전체를 알아야 한다고 느끼지 않는 반면 고대 사회의 인간들은 신화적 역사를 기억해야 했을 뿐 아니라 주기적으로 그중 많은 부분을 재연해야

했다. 고대 사회와 근대의 가장 큰 차이는 바로 여기에
있다. 근대인들이 역사의 전형적인 특성이라고 생각하
는 사건의 비가역성은 고대인에게는 사실이 아니었다.[95]

엘리아데의 정리는 물론 저 유명한 엘리엇(T. S. Eliot)
의 「불탄 노튼」(Burnt Norton)을 덜 화려한 방식으로 재진
술한 것이다.

　　현재의 시간과 과거의 시간은
　　모두 미래의 시간 속에 존재하고,
　　또한 미래의 시간은 과거의 시간에 포함되어 있다.
　　모든 시간이 영원히 현재라면
　　모든 시간은 되찾을 수 있는(없는) 것.

하버마스(Jürgen Habermas)는 다른 맥락에서 정신분석
학에서 빌려온 '미래지향적인 기억들'이라는 표현을 써서
현재를 압도하는 과거의 위력을 극복하는 방식에 대해 설
명한 바 있다.[96] 인도문화의 어떤 갈래들은 그런 설명을 고
스란히 받아들이면서도, 그런 견해의 결과를 다르게 정식
화할 것이다. 인도인에게 과거는 항상 개방적인 반면 미래
는 재발견 혹은 재생 정도에 따라 개방적이다.[97] 맑스처럼
프로이트에게도 건강하지 않음은 역사에서 비롯되는 것

인 반면 건강함은 현재 혹은 미래에서 오는 것이었다. 맑스주의 역사가와 마찬가지로 정신분석가들 또한 과거와 현재 간의 결정적인 단절을 가져오는 억압된 다른 역사를 드러내고, 또 그와 더불어 사는 자아의 능력을 불러내는 전문가들이었다. 바트(bhāṭ), 차란(cāraṇ) 또는 카타카르 (kathākār) 같은 인도의 민중 '역사가'들에게 과거와 현재 간의 진정한 단절은 존재하지 않았다. 질병이 과거에서 비롯됐다면 건강 또한 과거에서 오는 것이다. 악명 높은 인도의 숙명론이 시사하는 바 '결정'이라는 관념은 현재나 미래에도 적용될 수 있다. 즉 과거에도 항상 선택의 여지가 있다.

현재로서의 과거 → 조각난 현재 → 재구성된 과거 → 새로운 과거
↓ ↓
결정된 미래 대안적인
(인도의 숙명론) 결정된 미래
(새로운 '숙명론')

이런 입장은 역사를 완전히 부정하지 않으며 실상 간디 이후에 유행하게 되는 여러 역사철학과 역사로서의 신화 해석을 예고하지만, 간디의 입장은 그와 더불어 반역사주의적 가정에 기반해 있었다. 신화는 충실하게 역사를 포함하고 동시대적이며, 역사와 달리 개입에 열려 있기 때문에

한 문화의 정수인 반면 역사는 기껏해야 잉여적이거나 최악의 경우 민중을 오도할 뿐이라는 것이었다. 간디는 은연중에 역사 혹은 이티하자(itihāsa, 역사적 사건)를 인간의 미래를 선점하고 인간의 선택을 제한하는 독립변수로서 구축된, 과거 시간에 대한 일군의 신화 혹은 아티트(atit, 과거)이자 일방통행 같은 것이라고 가정했다. 반면에 신화는 누구라도 지금-여기에서 역사를 구성하는 과정에 접근할 수 있게 해주었다. 이렇듯 의식적으로 문화의 정수라는 지위를 인정받을 때 신화는 인간의 선택을 제한하기보다 넓히며, 미래를 예측하는 방식으로 과거를 기억하고 과거에 복수하기보다 현재의 (부정적인) 측면을 해소하는 일에 집중하도록 해준다. (또한 신화는 모든 것을 동질화시키는 근대 과학의 세계관에 흡수되는 것에 저항함으로써 인간의 선택 폭을 넓혀준다. 최근 레비스트로스Lévi-Strauss 식으로 야만적 정신의 합리성을 보여주고자 한 시도들은 많았지만 야만적인 정신 자체는 대체로 스스로의 합리성에 신경 쓰지 않았다. 신화학과 신화의 과학적 지위는 아직도 뚜렷하게 근대적인 관심사로 남아 있다. 이런 의미에서도 비역사성의 긍정은 비근대인들의 자율성과 존엄에 대한 긍정이다.)

그러나 이 논리를 뒤집으면 서구 사회분석의 지배적 전통이 근대 이래 줄곧 하고자 했던, 신화를 분석하고 그 기원을 추적해서 역사로 환원하는 것이 가능하다. 여기서 역사는 유일한 현실로 간주되는 반면 신화는 '무의식적인' 역사에 의해 생산된 비합리적이고 결함 많은 동화로서 야만인과 아이들을 위한 것이었다. 그런 시간개념 ─중세가 끝난 이후 처음으로 서구에 등장한─의 핵심은 구조보다는 원인(즉 '무엇'보다 '왜'), 개별 존재의 자기실현에 대립하는 진보와 진화, 그리고 역사적 현실에 적응하고 끊임없는 극적 행동을 통한 변화하는 합리성(즉 실용주의)에 대한 강조에 있었다. (단지 비판적 개입과 새로운 해석을 통한, 변화와 기존 해석에 대해 근본적으로 비판적인 태도를 띠는 합리성은 그 강조점이 아니었다.) 근대 서구와 그 시간개념의 영향을 받은 이들에게 역사는 좋거나 나쁜 행동들과 그 원인의 연대기였고, 모든 혁명은 반혁명으로부터 보호받지 않을 경우 진정한 혁명의 도정에서 거짓된 '사건'으로 전락할 수밖에 없는 시간 속의 단절이었다.

두번째 접근법의 부수적인 가정은 신화에 의거해 살아가는 문화는 비역사적이며, 따라서 이전 시기의 열등한 사회의식을 보여준다는 것이다. 역사적인 사회야말로 성숙한 자기 의식의 진정한 대표자이며, 따라서 성숙한 인간이 파악한 비역사적 사회의 구조가 비역사적 사회가 스스로 파악한 그들의 사회구조보다 과학적으로 훨씬 더 타당하다. 비역사적 사회는 세계에 대한 역사를 써온 존재들이 이해한 바대로 자신들의 비역사적 운명을 행동으로 옮겨야 했다.

이것이 간디가 이론과 실천을 통해 도전한 성인-아동 관계의 패러다임이다.[98] 그 도전은 연속성의 언어를 재확증하고 자아의 언어를 재강조하는 두가지 방식으로 행해졌다.

연속성의 언어는 근대성 이데올로기에 내재하는 단절에 대한 깊은 양가성을 활용했다. 근대성은 창조적인 사회적 행동을 포함한 모든 '진정한' 창조성을 과거와의 분명한 단절에서 찾으려고 했다. 그러나 역설적이게도 근대성은 역사에서 그러한 성격의 단절을 모두 찾아내고자 애썼다. 예컨대 혁명에 관한 수사는 과거와의 불충분한 단절을 평가 절하할 뿐만 아니라, 개혁주의를 혁명의 장애로 여겨 노골적으로 경시한다. 동시에 혁명과 혁명적 사유에 관한 모든 근대적 역사는 '진정한' 혁명과 '거짓' 혁명을 찾아내고자 애썼다. 혁명에 대한 어떠한 설명 혹은 요청은 혁명으로 이어졌거나 이어질 수 있었던, 혹은 혁명의 향방을 설명해줄 역사적 연속성을 밝히지 않고서는 완전할 수 없는 것이다.

연속성의 언어는 단절을 그다지 강조하지 않는 인도적(Indian) 세계관을 다시금 정당화했다. 인도적 세계관은 혁명의 언어가 그 안에 연속성의 메시지를 숨기고 있듯이 연속성의 언어 또한 단절이라는 잠재적 메시지를 품고 있다는 것을 인식했다. 인도문화는 연속성을 너무나 강조한 나머지 과거와의 주요한 단절조차 사소한 개혁으로 여겼는데, 수십년 혹은 수세기가 흘러 연속성과 영속성(永續性)의 은유가 더 이상 그 문화에 이미 발생한 근본적인 변화를 가릴 수 없게 되면서 그 단절의 의미가 명백해질 때까지 그랬다. (박티〔Bhakti, 신에 대한 헌신〕운동은 지금 묘사되고 있는 과정의 꽤나 훌륭한 사례다.) 따라서 즉시적인 고통에 대한 감각이 유지되고, 고통이 화려하고 세련된 지적 포장을 거쳐 물화되지 않는 한 누군가가 단절 혹은 연속성의 수사를 쓰는지는 궁극적으로는 문제가 되지 않는다.

자아의 언어를 재긍정하는 것은 간단히 옛 변증법의 일부라고 설명할 수 있다. 근대적 세계관은 더 큰 자기실현을 이룰수록 물질 세계를 포함하는 비자아에 대한 이해가 깊어진다고 본 전통적인 믿음에 도전했다. 근대성은 인간이 (이드, 뇌의 작용, 사회적·생물학적 역사 등의) 자아 안에 있는 비자아를 포함하는 '객관적인' 비자아를 더욱 깊이 이해하고 통제할수록 (에고, 실천praxis, 의식 등의) 자아 또한 더욱 깊이 이해하고 통제할 수 있다는 믿음을 포함했다. 프로이트적이거나 맑스주의적인 범주를 사용하는 비근대적 인간은 정확히 그 반대 입장을 주장할 것이다. 즉 인간은 자신의 자아와 자기의 실천을 더 잘 이해할 수록 보편적인 역사의 변증법적 과정뿐만 아니라 보편적인 이드의 주요 작용 또한 더 잘 이해하리라는 것이다. 근대성이 그 반대로 주장하면서 비근대적인 문명은 자기실현을 우선시하는 입장에 담긴 비판적이고 창조적인 가능성을 상당한 정도로 소진해야 하는 경우도 있었다. 그러나 소로우(Thoreau)와 똘스또이, 그리고 간디 같은 비판적 전통주의자들이 자기통제와 자기이해를 통해 세계를 이해하는 동시에 변혁하는 세계관을 다시금 강조하자 근대성은 이번에는 그 옛 비전(vision) 쪽으로 지나치게 방향을 틀어 그것은 이제 진부하게 됐다.

간디가 역사의 결정론을 깨뜨리고 확보한 것은 위에 소개한 두 언어에 속했다. 독립 인도에 대한 간디의 구상, 인종 간 종교 간 갈등 및 카스트 문제에 대한 그의 해결책, 그리고 인간의 존엄성에 대한 그의 견해는 놀라울 만큼 역사의 구속으로부터 자유로웠다. 그 결점이 무엇이었든 간디의 사유는 여러 사회에서 자신들의 미래를 지금 이곳에서 결정할 수 있는 선택지를 부여했다. 거기에는 영웅도, 극적인 드라마도, 그리고 독창성과 단절적인 변화 및 궁극의 승리에 대한 끊임없는 추구도 없었다. 간디의 사유는 '사실에 굴복하는 대신에 사실을 굴복시키는'[99] 인도식 역사였다. 만약 과거가 사회의식을 구속하지 않고 미래가 여기서 시작된다면 현재야말로 유일한 '역사적' 순간이며, 영속적이면서도 변화하는 위기의 순간이자 선택의 시간이었다. 이런 관점은 영구혁명 개념의 동양판 혹은 여러 아시아의 지적 전통이 보여주는 초시간적 시간이라는 신비주의적 개념의 실천적 확장판이라고 볼 수 있다.

이러한 견해로 무장한 간디는 식민주의적 의식에 대한 자신의 비판을 정리한 후 식민주의의 제도적 측면과의 투쟁으로 나아갔다. 그러나 그 두번째 투쟁은 지금 이 글의 관심사는 아니다.

8

나는 식민주의가 무엇보다 의식의 문제이며, 궁극적으로 인간의 정신 속에서 격퇴할 필요가 있다는 입장에서 출발했다. 그 이후 나는 영국령 인도에서 작동한 식민주의 이데올로기에 구조를 부여한, 생물학적인 차이에서 도출된 주요한 두 심리적 범주 혹은 위계화 원칙을 규명한 다음 이런 원칙이 어떻게 식민주의적 문화를 식민지 사회에 뿌리내리게 하고 인간의 정신 속에 식민주의가 온존하도록 했는지를 보여주고자 했다. 또한 나는 해방은 식민지인들로부터 시작해서 식민주의자들에게서 끝난다는 것을 보여주었기를 희망한다. 간디가 평생에 걸쳐 명확하게 정식화하려 했듯이 자유는 나눌 수 없는 것이다. 세계의 억압 받는 자들은 모두 하나라는 대중적인 의미에서뿐만 아니라 억압자 역시 억압의 문화에 갇혀 있다는 대중적이지 않은 의미에서도 그렇다.

아직 한가지 질문이 해답을 기다리고 있다. 인도에 대한 영국의 식민통치에서 비롯된 일단의 정신 풍경을 검토하면서 나는 시간을 거슬러 올라갔다. 그 시간여행은 역사의 규칙을 지켰는가 아니면 그 자체 또한 하나의 신화였는가? 간디는 진정으로 인간의 본성과 사회를 내가 기술한 것처럼 구성했는가? 아니면 나의 이야기는, 인도의 전통적인 주석자들이 인물과 경전을 설명하는 방식처럼 어떤 한 인물을 새로운 사회구조의 원인으로 삼는 (정신분석학자들이라면 아마도 이차적 해석이라고 불렀을) 이차적 구성이 아니었는가? 아마도 이런 질문 자체가 의미 없을는지도 모른다. 간디가 너무나 손쉽게 보여주었듯이 해방을 추구하는 사람들에게 역사는 때때로 신화로부터 전개될 수도 있는 것이다.

식민화되지 않은 정신

인도와 서구에 대한 탈식민주의적 관점

2

LOSS AND RECOVERY OF SELF UNDER COLONIALISM

제2장

식민화되지 않은 정신

: 인도와 서구에 대한 탈식민주의적 관점

1

키플링은 확실하게 분리된 제국주의 영국과 피지배국 인도 가운데 자신이 어느 편에 속하는지 알고 있다고 생각했다. 그는 영국의 지배를 받는 것이 인도의 권리이고, 인도를 통치하는 것이 영국의 의무라고 확신한 것이다. 한편 그는 두 문화에 대한 지식을 모두 갖춘 자신이 그 권리와 의무에 대해 정의해야 할 책임이 있다고 믿었다. 그런데 그의 생애 전부가 위와 같이 정리될 수 있는가, 아니면 위의 생각은 오래전 그가 인도에서 보낸 유년기에서 시작된 이야기의 마지막 구절일 뿐인가?

앵거스 윌슨(Angus Wilson)은 "키플링은 평생 아동과 그들의 상상을 (…) 숭배하고 존중했다"라는 말로 키플링의 전기를 시작한다.[1] 키플링의 어린 시절은 그가 존중하고 숭배한 아동기에 대한 한가지 단서를 제공한다. 그는 인도에서 태어났을 뿐만 아니라, 인도적인 환경에서 인도인 하인들에 의해 키워졌다. 그는 힌두스타니어로 생각하고 느끼고 꿈을 꾸었고, 주로 인도인들과 이야기했으며, 심지어 생김새도 인도 소년 같았다.[2] 그는 카스트제도가 적용되는 연령에 미달한 덕분에 힌두사원도 방문할 수 있었다. 언젠가 부모와 함께 농장을 방문했을 때 키플링은 어머니에게 힌두스타니어로 '안녕히 가세요! 이 사람은 내 형제예요'라고 말하면서 한 농부의 손을 잡고 어디론가 가버렸던 적도 있었다.

어린 키플링은 인도의 설화와 색채 및 그 신비에 깊은 인상을 받았다. 인도는 "타락 이전의 사적인 에덴동산"이자 "안전한 기쁨의 시절"로 회고되면서, 그의 목가적인 아동기 개념의 영원한 일부가 됐다.[3] 이러한 기억을 키플링의 성년자아의 핵심으로 여기는 것은 지나치게 심리학적일 수도 있다. 그러나 인도어와 인도의 동식물군, 60만여 촌락에 흩어져 사는 인도인에 대한 키플링의 예민한 감수성에 필적할 비인도인 영국 작가는 없었다. 일생동안 그에게 인도 농민은 사랑스런 아동 같은 존재로 남았다.[4]

이런 인도적인 것과의 친밀성과는 달리, 키플링은 빅토

리아적인 부모와는 가깝고도 먼 관계였다. 그는 주로 하인들에 의해 공식적으로, 또 부모에게 보여질 때만 마치 의례처럼 그들과 대화했다. 키플링의 자서전에 따르면 그는 부모와 얘기를 나눌 때 "꿈을 꾸고 생각할 때 썼던 구어적인 인도어 관용구를 더듬거리며 영어로 옮겼다".[5] 부모, 특히 어머니에 대한 키플링의 사랑과 존경, 그리고 감사의 마음은 매우 깊었다. 그러나 그의 전기를 쓴 윌슨은 키플링의 소설과 시에 나타나는, 아들의 삶에서 차지하는 어머니의 역할에 대한 "고양되다 못해 거의 종교적인 관념"과 실제 키플링 모자 관계 사이의 괴리를 지적했다.[6] 키플링의 어머니 앨리스 키플링(Alice Kipling)은 열렬한 감정표현을 권장했던 사람은 아니었던 것으로 보인다.

키플링이 인생을 통틀어 가장 고통스러운 경험을 한 것도 부모 때문이었다. 인도의 봄베이(Bombay)에서 6년간 목가적인 시기를 보낸 키플링은 여동생과 함께 보살핌 가운데 교육을 받기 위해 영국 사우스시(Southsea)에 사는 한 친척 아주머니인 로사 홀로웨이(Rosa Holloway)에게 맡겨졌다. 가세가 기울어가던 탓에 그녀는 군 장교로 은퇴한 남편과 함께 하숙집을 운영했다. 표면적으로는 모든 것이 잘 되어가는 듯했다. 홀로웨이 부인은 방문자들의 눈에는 애정 어린 키플링 남매의 보호자로 보였고, 키플링의 여동생과도 잘 지내는 것 같았다. 그러나 키플링이 죽은 후에 사우스시에서의 생활이 끔찍하게 고통스러웠다는 사실이 드러났다. 사후에 출간된 그의 자서전에서 홀로웨이의 가정은 제약, 위협, 학대, 그리고 상당한 가학성으로 특징지어지는 '황량한 집'으로 그려졌다. 그를 괴롭힌 악인들 중에는 로사와 그의 어린 아들이 포함됐다.

부모는 아니지만 친절하고 따뜻한 사람들이 사는, 자유로우면서도 아늑한 환경에서 자연과 가깝게 성장한 이에게 홀로웨이의 집은 분명 외롭고 혐오스러운 세계였을 것이다. 반면 홀로웨이에게도 키플링은 이방인이었다. 빅토리아조와 칼뱅파의 '사악한 아동기' 개념에 물든 홀로웨이는 의지가 강하고 반항적이며 거리낌이 없는 키플링을 몹시도 버릇 없고 구제할 길 없는 타락한 아이로 여겼음에 틀림없다. 아마도 거기엔 질투의 요소도 있었을 것이다. 윌슨은 홀로웨이 부인과 그의 위협적인 아들은 오만하고 약삭빠른 키플링이 자신들이 속한 황량한 삶의 지평 너머의 세계에서 자랐음을 느꼈을 것이라고 시사했다.[7]

어린 키플링은 사우스시에서 겪어야 했던 학대를 부모가 자신을 가차없이 배신한 탓으로 이해했다. 1940년대 에드먼드 윌슨 때문에 유명해진 키플링의 여동생이 쓴 글을 다시 인용해 보자.

회고해보면, 우리 유년기의 비극은 아주머니의 나쁜

성격과 오빠에 대한 불친절 외에도 왜 부모가 우리를 멀리 떠나보냈는지 이해할 수 없었다는 데서도 기인했다. 우리는 아무런 대비도 하지 못했고, 아무런 설명도 듣지 못했다. 그것은 마치 이중의 죽음, 혹은 행복과 친숙한 모든 것을 휩쓸어가버린 산사태 같았다. (…) 우리는 버려졌다고, '거의 남의 집 문간에 버려진 듯' 느꼈다. (…) 우리가 종종 말했듯이, 그로부터 벗어날 길은 없었다.[8]

어떤 사람들은 그렇게 아이들을 영국으로 보내는 것이 당시 관행이었기에, 그런 결정은 선의에서 비롯된 것이 틀림없다고 주장했다. 인도에 거주하는 영국인 부모들은 인도 농민들이 자식들에게 이교를 소개하고 성적 조숙성을 부추길지 모른다는 두려움 속에서 살았다는 것이다. 더구나 앨리스 키플링은 세번째 아이가 죽자 살아남은 자녀들을 깊이 걱정했다. 그러나 문제는 러디어드 키플링이 부모에게 느낀 감정이 정당한지가 아니라, 그가 실제로 그런 감정을 품었는지 여부다. 그 여부를 아는 유일한 사람인 여동생의 증언은 이미 결정적이다. 보다 결정적인 또 하나의 증거는 키플링이 사우스시에서 결국 '심각한 신경쇠약 증세'를 보였다는 사실인데, 상황은 더욱 나빠져서 그는 부분적 실명에 빠지고 환각증상마저 보였다.[9]

마침내 키플링은 사우스시를 떠나 한 사립학교로 보내

졌다. 그곳은 군인 가족을 둔 아이들을 위해 설립된 학교로서, 특히 해군에 입대하고자 하는 아이들이 학생의 다수를 차지했다. 그 학교는 군사적, 남성적 덕목을 강조했다. 거친 장난이 일상이었고 운동을 하라는 문화적 압력이 엄청났다. 그러나 키플링은 운동을 싫어하는 정적이고 예술 정신을 가진 아이였다. 그렇게 된 데에는 키플링이 약간 위험할 정도의 약시(弱視)인 탓도 있었고, 그는 이미 지적인 생활을 추구하기로 결정한 상태이기도 했다. 그밖의 이유로는 키플링이 표나게 백인처럼 보이지 않았다는 점도 들 수 있다. (적어도 몇몇 인도인은 그의 검은 피부가 인도의 햇빛 탓으로만 설명될 수 없다고 말했다.) 학교 생활은 비참했다. 그의 부모가 영국식 애정의 어두운 이면을, 홀로웨이가 영국적 권위의 어두운 이면을 보여주었다면, 이제 키플링은 이방인처럼 생기고 여성적이라는 이유로 괴롭힘과 따돌림을 당하면서 사립학교라는 영국의 하위문화를 달리 보게 됐다. 사립학교는 식민지의 지배 엘리트를 양산하던 곳이기도 했다.

요약하자면, 비록 칼뱅파도 아니고 교회에 출석하지도 않았지만 빅토리아적이었던 키플링 가정의 건전한 분위기를 교란하는 정 많은 인도인들 속에서 성장한 어린 키플링에게 영국 생활은 아주 비참한 경험이었다. 영국문화는 그에게 존경의 대상이었지만 사랑의 대상은 아니었다. (존경 또한 사회화의 결과였다.) 그는 영국에서 눈에 잘 띄는, 두 문화에 걸쳐 있는 백인 사힙이었다. 그것은 그가 후에 경멸하게 되는 인간유형인, 역시 두 문화에 걸쳐 있는 인도인 바부의 영국 버전이다. 사람들은 그의 주변성과 그로 인한 사회적 미숙함을 알아챘다. 이 때문에 키플링은 더욱더 영국 사회로부터, 이어서 인도 사회로부터 멀어졌다. 이후 그의 작품은 이런 소외감을 반영하게 되는데, 키플링은 인도를 묘사한 것처럼 영국을 매혹적으로 그리지는 못했다.[10]

그러나 키플링은 영국에서 억압적인 생활을 견디면서 영국이 그의 진정한 자아의 일부라는 것을, 그리고 자신의 인도성을 부정하고 희생자인 인도인과 동일시하지 않는 법을 배워야 한다는 것을 깨달았다. 또한 그는 영국에서 자각하게 된 희생자로서의 위치는 침략자와의 동일시를 통해, 특히 침략자의 가치에 충실함으로써 피할 수 있고 심지어 미화될 수 있다는 것도 알게 됐다.

키플링 본인은 여성적이고 허약했으며 개인주의적인데다 반항적이었으며, 인생의 의미가 단지 일이나 유용한 활동에 있다고 생각하지 않으려 했다. (그는 사우스시의 학교에 다닐 때, 셈에 아주 약했고 여섯살이 될 때까지 글을 읽지 못했다.) 이런 특성들은 키플링이 격렬하게 공격한 서구화된 인도인들의 단점이었다. 키플링은 자기 자신을 비난이라도 하듯 무리 혹은 집단, 그리고 그렇게 인간들을 결속하는 종류의 도덕을 이상화했다. 그는 서구화한 인도인과 인도화한 서구인이 그리 먼 존재가 아니라는 것을 짐작조차 하지 못했고, 그가 경멸하던 친(親)인도적인 지식인과 반식민주의적 자유주의자의 주변적 위치가 자신의 처지라는 것 또한 결코 깨닫지 못했다.

다음의 두 키플링, 즉 서구 문명에 충성하는 영웅과 자신 안의 서구를 증오하는 인도화한 서구인, 혹은 두 문화 간 소통의 매개 역할을 했던 영웅과 문화적 혼종을 경멸하고 자신의 불분명한 자아상을 한탄한 반(反)영웅 사이를 잇는 고리는 무엇이었는가?

그건 맹목적 폭력과 복수에 대한 갈망이었다. 키플링은 폭력이 대항적인(counter) 성격을 띠는 한 언제나 그런 폭력을 정당화했다. 에드먼드 윌슨이 가벼운 경멸감을 담아 지적한 것처럼, 키플링의 작품에는 권위에 대한 진정한 도전이나 희생자에 대한 연민이 두드러지게 결여되어 있었다.[11] 사실 키플링의 태도는 그런 묘사보다는 복잡했다. 키플링은 억압자에 맞서 싸움으로써 받은 만큼 되돌려주는 희생자와, 수동–공격적이고 연약하며 비협력·모면·무책임·늑장으로 억압자에 대응하며 정면대결의 가치를 인정하지 않으려 하는 희생자를 구분했다. 전자는 키플링이 되고 싶은 '이상적인 희생자'였고, 후자는 어린 키플링이 살았고 그렇게 살기를 저주했던 희생자의 삶이었다. 키플링이 세상의 희생자들에게 연민이 없었다고 한다면, 그는 그 자신의 일부에 대해서도 그러했다.

그러나 키플링이 가진 문학적 감수성은 이 문제에서조차 그를 완전히 저버리지는 않았다. 그는 위의 구분이 폭력과 비폭력 간이 아니라 두종류의 다른 폭력 간의 차이라는 것을 알았다. 첫번째 종류는 직접적이고 공개적이며 합법성과 권위적 색채를 띠는 폭력이었다. 그것은 자기확신을 가진 문화적 집단이 압도적인 이점을 안은 채 폭력적 상황에 대응할 때 사용하는 폭력이었다. 두번째 종류는 약한 자와 피지배자의 폭력으로서, 그것은 압도적인 불리함을 감수한 채 폭력적 상황에 맞설 때 동원하는 폭력이었다. 이 두번째 폭력에는 절박함과 숙명론적인 분위기와 표적 없는 분노의 느낌, 그리고 세상의 지배자나 승자들이 비겁하다고 여겼을 태도가 들어 있었다. 이 폭력은 실제세계에 대한 개입이라기보다는 환상에 더 가까웠고, 첫번째 폭력을 유발하거나 정당화하기보다는 그에 대한 반응에 그쳤다.

키플링의 삶에서 그 예를 찾자면, 첫번째 종류의 폭력은 바로 인도에서 영국 통치자가 갖는 특권이었고, 두번째 종류는 자기 땅에서 정복당한 인도인들이 의존했던 폭력이었다. 키플링이 승자의 폭력에 대한 칭송이 교조적인 사회 진화론과 (궁극적으로는) 식민주의의 기반이라는 것을, 그리고 그 누구도 진보의 수단으로서의 식민주의라는 관념을 포기하지 않는 한 폭력이라는 수단을 버릴 수 없다는 것을 감지한 것은 옳았다.

이 도덕적 맹목성의 댓가는 엄청났다. 키플링에게 가장 두드러지는 특징은 내성(內省)의 거부, 즉 공세적인 반투심성(Anti-intraception)이었다. 그로 인하여 그는 모든 심각한 갈등을 회피했고, 모든 인간적인 문제를 인종적인 정형과 분리해서 생각하지 않게 됐다. 표나게 외향적이었던 그의 작품들은 모든 형태의 집단주의를 강조했고, 인종 간의 결속과 혈연을 개인 대 개인의 관계보다 더 중요하다고 보았다. 그 작품들의 저자였던 키플링 또한 제국의 권위 강화에 기여하고 문화적 뿌리를 자아의 외부에서 찾음으로써 사우스시에서의 생활 이래로 그를 집요하게 따라다닌 불안과 간헐적 우울증의 퇴치를 희망했다. 키플링은 평생을 — 보다 온순하고 보다 창조적이며 보다 행복한 — 자신의 다른 자아와 그 자아와 결부된 불확실성과 자기증오와 싸우다가 죽었다.

동시에 키플링이 기꺼이 존중하고자 했던 유일한 인도는 인도의 용맹한 과거 그리고 그 하위문화와 결부된 인도였다. 그 인도는 디오니소스적인 서구의 대항자인 동시에

서구와 동맹관계이기도 했다. 아마도 어떤 차원에서는 키플링 또한 니라드 초두리와 그 이후의 나이폴과 마찬가지로 남성적인 기백을 발휘해서 (인도의 진정한 자아를 부정하고 경멸했으며 굴욕을 안긴) 서구의 동등한 경쟁자나 적수가 되고자 한 인도를 탐색하며 평생을 보냈다.

어떤 비평가들은 키플링의 두가지 목소리에 대해 말하기도 했다. 한 비평가는 그 두 목소리를 각각 색소폰과 오보에로 명명하기도 했다. 그는 색소폰이 평화주의를 거부하고 군사력을 찬미하는 키플링의 용맹하며 폭력적이고 독선적인 자아를 대변한다고 생각했다. 그런 키플링의 자아는 종종 우울증을 겪었고, 기괴하고 끔찍한 것에 매료됐으며, 광기와 죽음에 대한 항시적인 공포 속에서 살았다. 반면 오보에는 인도성과 인도의 정신과 문화에 대한 키플링의 경외감을 대변했다. 이런 측면의 자아는 인도의 이질성과 복잡성 및 그 혼돈과 '고대의 신비', 인간뿐만 아니라 노동의 기계화에 대한 인도의 저항, 그리고 최종적으로는 인도의 양성성에 당혹감을 느꼈다. 즉 이 대립쌍의 한편에는 남성적인 견고함과 제국의 책무가, 다른 한편에는 여성적인 온화함과 여러 문화에 대한 공감이 자리했다. 색소폰이 압도했으나, 오보에 또한 키플링의 청력이 미치지 않는 곳에서 계속 연주되어 약점으로 여겨졌던 인도문명의 억압된 측면을 계속 살아 있게끔 했다.

2

　위의 긴 이야기는 제국을 건설하고 경영했으며 정당화
했던 사람들의 세계에 대해서, 그들에게 평생토록 폭력에
대한 공포와 경외감을 심어준 폭력 경험에 대해서, 그리
고 외향적 폭력에 대한 이론을 개발하여 개인적 고통에 의
미를 부여하려 했던 시도들에 대해서 많은 것을 말해준다.
그런 시도들은 강자를 칭송하고 침략자와 동일시하는 노
력 이면에서 '자아를 적대시하는' 일이었고, 이 경우엔 거
의 자기파괴에 근접하는 방어행위였다. 이런 과정은 식민
지 인도의 정치와 문화의 운명을 이해하는 결정적인 단서
를 제공한다.

　그러나 나는 여기서 모든 식민주의 이데올로기에 공통
되며, 대개 식민통치가 종식된 이후의 의식에도 해당되는
키플링의 개인사에 드러나는 한 딜레마에 집중할 것이다.
이 딜레마가 중요한 이유는 식민주의의 경제적·정치적·
도덕적 결과는 논의되어온 반면 그 정서적·인식적 댓가는
간과되어왔기 때문이다. 20세기에 프로이트가 우리에게
일깨워준 것처럼, 우리가 잊고자 선택한 것은 우리를 괴롭
히기 위해 역사 속에서 귀환하는 경향이 있다.

　키플링의 딜레마는 간단히 설명될 수 있다. 키플링은 서

구인이면서 동시에 인도인일 수는 없었고, 서구인 혹은 인도인이 되어야 했다. 이 강요된 선택으로 말미암아 그의 자기파괴적인 성격이 삶의 비극으로 이어졌다. 키플링이 헌신한 가치는 서구의 것이었고, 그가 부정한 덜 사회화된 자아는 인도의 것이었다. 그는 그 둘 중에서 하나를 선택해야 했다. 상황이 반대였다면, 키플링은 갈색 피부의 사힙이나 바부로서 적어도 두 문화에 걸쳐 있는 자신의 자아를 인정하고, 아무리 조잡한 방식일망정 그의 내부에 있는 동양과 서양을 화해시킬 수도 있었을 것이다.

이런 가설과의 사소해 보이는 차이야말로 식민주의가 식민주의에 필요에 부응하도록 서구의 의식을 장악하려 한 방식을 이해하는 첫번째 단서다. 식민주의는 식민주의 기구의 부품이 되기를 선택한 모든 백인의 총체를 가져가고 대신 그들에게 문화적 지향으로는 국지적이지만, 지리적 범위로는 보편적인 새로운 자기정의를 부여하려 했다.

회고해보면 식민주의는 결국 승리했다. 식민주의는 서구인을 정의상 비동양인으로 만들었고, 그들에게 근본적으로 식민주의의 필요에 부응하는 자아상과 세계관을 건네주었다. 서구인은 비동양인이어야 했고, 동양을 자신들의 반대상(negative identity)으로서 끊임없이 연구하고 해석하며 이해하는 데 몰두하지 않으면 안 됐다.[12] 에드워드 싸이드가 그토록 우아하게 묘사한 동양의 '발견'은[13] 한때 원형이자 잠재성으로 중세 유럽인의 의식 일부를 이뤘던 다른 동양(other Orient)을 축출하기 위해 고안됐다. 그 다른 동양도 종종 적으로 간주됐으나 억지로일망정 존중됐다. 그 동양은 단지 대안적 세계관의 거처였을 뿐만 아니라 서양 자신에 대한 지식의 대안적 원천으로도 여겨졌다. 예를 들면, 볼떼르(Voltaire)의 중국은 근대 인류학자의 동양이 아니었고, 인문주의자가 꿈꾼 서양의 또다른 자아였다. 중세 중동은 많은 유럽인들이 아리스토텔레스를 연구하러 갔던 곳이다. 인도를 통치한 첫세대 영국 식민주의자들 중에는 (그들 중에는 진정으로 위대한 제국 건설자들도 있었는데) 자신들이 통치한 인도에 가르쳐야 하는 것보다는, 인도에서 배워야 하는 것이 더 많다고 느꼈던 워런 헤이스팅스(Warren Hastings) 총독 같은 이들도 있었다.

이 다른 동양, 즉 서양의 더블(double)로서의 동양은 식민주의의 요구에 맞지 않았다. 이 동양은 대안적이고 세계주의적이며 다문화적 삶의 가능성을 암시했기에, 맥락이 다르긴 하지만 앵거스 윌슨의 표현을 빌리자면 키플링과 동시대 영국 중산계층의 황량한 삶의 지평 너머에 있었다. 그들은 자신들뿐만 아니라 두 문화에 걸친 모든 서구인들에게 선택을 강요했다.

다른 한편 식민주의는 본래의 인도적 의식을 폐기하고 인도의 새로운 자기상을 구축하고자 했는데, 서구와 대립하는 그 자기상은 본질적으로 서구의 구성물이었다. 식민주의 경험이 주류 서구의식을 정의상 비동양적인 것으로 만들었고 서구의 자기상을 동양의 부정 혹은 안티테제로 재정의했다면, 동양의 자기상과 인도문화에도 그에 대응하는 일이 벌어졌다. 식민주의는 불가해한 동양이라는 흔한 자문화 중심적인 정형을 기이하고 원시적이지만 예측 가능한 동양이라는 병리적인 정형으로 대체했다. 이제 동양은 종교적이지만 미신적이고, 영리하지만 교활하고, 혼란스럽도록 폭력적이지만 나약하고 겁 많은 존재가 됐다. 동시에 식민주의는 그런 정형이 표준적인 방식으로 뒤집히는 담론의 장 또한 창안해냈다. 즉 동양은 미신적이지만 정신적이며, 교육을 받지 않았지만 현명하고, 여성스럽되 평화를 추구하는 등의 존재로 여겨지기도 한 것이다. 어떠한 식민주의도 희생자들이 사용하는 저항의 언어를 전유함으로써 그 인종적 정형들을 풍부하게 만들고 '보편화하지' 않는 한 완성될 수 없었다. 그런 탓에 식민주의 희생자들의 진정한 외침은 궁극적으로는, 식민주의자들과 그들이 양성한 후 길들인 반식민주의 운동에는 이해되지 않는 언어의 외침인 것이다. 또 이 책에서의 내 분석이 근대 세계의 언어를 포함하면서도 그것에서 벗어나 있는 언어를 통해 독립 이후 인도의 식민주의적 유산을 이해하려는 것도 바로 그런 이유 때문이다. 이어지는 글에서 문장의 시제가 과거에서 현재로, 다시 현재에서 과거로 바뀌는 것도 그 같은 노력의 일환이다.

인도는 비서구가 아니라 인도다. 한때 식민주의가 가장 거셌을 때 그 변화에 노출됐고 오늘날 식민주의의 기억을 간직한 소규모 집단을 제외하면 보통의 인도인들은 스스로를 서구인의 안티테제 혹은 서구에 대항하는 존재로 볼 이유가 없다. 완벽하게 비서구적이어야 한다는 강요된 부담은, 과거 완벽하게 서구적이어야 한다는 부담이 개인과 인도 사회의 미래에 관한 문제에서 선택의 범위를 제한했던 (때로는 아직도 그러하다) 것처럼 매일의 삶에서 인도인의 문화적 자아를 위축시킬 뿐이다. 그 새로운 부담은 인도인이 서구의 기준으로 열성적(劣性的)인 인도문화의 요소들만 강조하고, 서구와 공유하거나 서구에 의해서 정의되지 않은 채 남아 있는 요소들을 덜 중시하게끔 강제했다. 서구에 반(反)해야 한다는 그런 압력은 인간과 우주를 아우르는 인도적 시각에서의 전통적인 우선순위를 왜곡하고, 인도문화의 독특한 형태(gestalt)를 파괴한다. 실상 그 압력은 되돌릴 수 없도록 인도인들을 더욱 서구와 결박한다.[14]

그 점에서 인도 민족주의의 다양한 양상과 키플링의 세계관은 완전히 합치한다. 양자는 마드야미카(Mādhyamikā) 학파가 말한 문화 간의 상대적 차이를 절대화하는 경향을 공유한다.[15] 동양과 서양을 본래부터 그래왔고 영원히 그러할 대극적인 존재로 정립하고자 한 두 세계관 모두 '진정한' 동양뿐만 아니라 '진정한' 서양도 정의하고자 했던 계몽주의 이후 유럽의 문화적 교만에서 기원했다. 그리고 두 세계관은 이런 구분으로 말미암은 문화적 빈곤이 서양보다 동양에 더 큰 피해를 야기했다는 순진한 믿음을 공유하는 일단의 사회비판가들을 낳았다.

그러나 만약 또 하나의 인도가 존재한다면 또 하나의 서구 또한 존재하는 것이다. 만약 또 하나의 인도가 잊힌 다수라면, 또 하나의 서구는 잊힌 소수로서, 그들의 처지는 세계적 관점에서 더더욱 비극적인 사태였다. 전자가 결코 완전히 패배한 적 없는 동양이라면, 후자는 적어도 이번 세기에서는 철저하게 정복당한 서양이었다. 그 서양은 서양에서는 그저 비전(祕典)으로서, 아마도 비서양의 구석진 곳에서야 하나의 살아 있는 현실로서 존속하고 있다. 언젠가 말콤 머거리지는 분노와 조소를 똑같은 정도로 담아 '인도인은 유일하게 살아남은 영국인'이라고 말했다고 한다. 그의 발언은 인도 사회가 서구 자체에서는 누실된 서구의 어떤 측면을 갖고 있다는 것에 대한 의도치 않은 시인으로 읽힐 수도 있다.

그러나 나는 당분간은 서구의 문제를 미뤄두고 인도의

곤경과 전근대적이지도 반근대적이지도 않고 다만 비근대적인 또다른 인도에 집중하고자 한다. 그 인도는 서구의 학살에서 살아남은 인도다. 그 인도는 근대주의자들——침략자들과 동일시하려 한 이들의 노력은 서구인의 병적인 복사본이라 할 수 있는 존재들을 양산했다——의 인도와 공존했지만, 동시에 그 인도는 그 대응방식·질투·증오·두려움 그리고 카운터포비아〔counterphobia, 공포와 불안을 야기하는 것들을 피하지 않고 그것에 맞서려는 충동〕면에서 되돌릴 수 없을 정도로 서구와 얽혀 있는 모든 형태의 인도 민족주의는 거부했다. 그 다른 인도는 문화적으로 볼 때 선택은 동양과 서양 혹은 남북 간에 놓여 있지 않다는 것을 인식하면서 살아가는 듯 했다. 선택은 인도 내부와 서구 내부에서 아폴로적인 것과 디오니소스적인 것 간에 있었고, 그 선택의 문제는 곧 투쟁이기도 했다.[16] 유토피아를 현실화할 수 있는 발달된 능력을 가진 20세기가 우리에게 보여준 것처럼, 만약 그러한 구분이 억압적인 문화에 존재하지 않을지라도 희생자들은 온전한 정신과 인간성을 보존하기 위해서 그런 구분이 존재한다고 가정해야 했다. 토마스 만은 나치를 경험한 후에 두개가 아니라 하나의 독일이 존재할 뿐이라고 확언했다고 한다. 독일의 단일성을 인정한 것은 아마도 만 자신을 위해서였을 것이다. 독일의 희생자들을 위해서 필요한 경우에는 단일한 인식적이고 윤리적인 담론에 의해 연결되는 한이 있더라도 어떤 차원에서는 두 개의 독일이 존재해야만 했다.

근대 서구에서 아폴로적인 것과 디오니소스적인 것의 이 투쟁에서 동양은 주변부로만 관련됐는데, 물론 동양이 그 투쟁과 관련을 맺어야만 했는지 여부는 완전히 별개의 사안이다. 한편 동양에서 그 투쟁은 서구와 관련됐다. 주류 인도문화는 그 투쟁이 외부 세력인 서구의 힘과 그 세계관에 맞서거나 적응하는 문제가 아님을 은연중에 인식했다. 왜냐하면 서구는 용맹한 인종과 고귀하거나 미천한 야만인에 대한 그 모든 이론에도 불구하고 인도와 어우러지지 않은 반면 인도는 서구와 어우러졌기 때문이다. 마하데반(T. K. Mahadevan)은 이러한 곤경을 극적으로 표현하고 있는 간디의 기묘한 진술을 인용한 바 있다.

어떤 방면으로든 언급할 가치가 있는 무언가를 성취한 모든 인도인은 모두 직간접적으로 서구 교육의 소산이다. 동시에 그들이 인도 민중 전체로부터 이끌어낸 긍정적인 반응은 그 무엇이든 그들이 간직한 정도만큼의 동양문화 덕이었다.[17]

서구에 대한 절대적인 부정은 인도 전통의 기본 골자에 대한 거부이기도 하다. 그러나 역설적으로 들리겠지만, 그런 인도 전통의 수용은 서구에 대한 제한적인 부정을 포함할 수도 있다.

이것이 비근대적 인도가 대변하는 윤리적 보편주의의 이면이었다. 그것은 식민주의가 야기한 엄청난 고통을 포함하는 식민주의적 경험을 고려하여 그로부터 보다 성숙하고 보다 동시대적이며 보다 자기비판적인 형태의 인도 전통을 구축하는 보편주의였다. 또한 그것은 서구화된 인도를 그 병리적 현상과 희비극적인 핵심 특질에도 불구하고 과거 인도를 침략했던 외부 문명을 그 나름으로 '소화한' 하위전통으로 간주하는 보편주의였다. 인도는 자기 문화적 영역 안에서 서구의 특질을 포착하고자 애써왔는데, 서구는 단지 정치적인 침입자이며 문화적으로 열등한 존재이기만 한 것이 아니라 인도적 맥락에서 (모든 면에서 그렇지는 않지만) 중요하고 그 자체로 의미 있는 하위문화라는 기본적인 관점에서 검토됐다. 이것이야말로 앞서 내가 서구인이고자 했던 키플링이 서구인이면서 인도인이기도 한 존재가 될 수 없었던 반면 보통의 인도인은 그냥 인도인으로 머물 때조차도 인도인이자 서구인이기도 한 존재라고 말했을 때 뜻한 바였다.

키플링과 포스터가 모두 그렇게 주장하는 것 같은데, 만약 동양과 서양이 인도에서 결코 만나지 않은 것처럼 보인다면 그것은 서구의 내면화가 인도인 삶의 여러 다른 영역과 차원에서 이루어졌기 때문이었다.[18] 친숙함은 거리를 낳기도 하는 법이다. 만약 대부분의 인도 사회가 서구를 가장 심층적인 의식 차원에서 대처하는 과제에서 면제됐고, 인도의 우주론에 이미 그 나름의 서구나 제한적인 위상만을 가지는 서구가 존재한다면 서구인을 전면적인, 그리하여 모든 면에서 중요한 침략자로 간주해야 할 이유가 사라지게 된다. 더불어 동서양 간의 문화적 갈등을 인도에서 발생하는 삶의 중심적인 갈등으로 여길 이유도 없다. 인도 사회에서 서구에 노출된 부문은 (키어넌이 묘사한 것처럼 "두 세계 사이에 어색하게 매달린") 그들끼리 분리된 채 자신들의 뿌리 뽑힌 상태와 경계성에 대한 두려움에 대처하기 위해 애썼던 것이 사실이다. 그러나 대부분의 인도 사회가 동서양 문제에 별로 신경 쓰지 않았기에 서구에 노출된 부문은 더욱더 인도적인 것과 그렇지 않는 것, '우리'와 '그들'을 구분하는 일에 골몰하며 자기혐오와 무력감과 계속 씨름한 것 또한 사실이었다. 그러나 거의 400여 년간의 서구와의 접촉에도 불구하고 서구에 노출된 인도인들조차 서구문화에 견주어 자신감을 완전히 잃지는 않았다. 심지어 그들은 자신들이 서구에 휩쓸리지 않을 것이며 자신들의 목적을 위해서 서구를 이용할 수 있다는 내적 확신을 암시하기도 했다. 키플링이 극도로 경멸한 교활한 바부들조차 백인을 이용하는 법을 알고 있었으니, 그들 또한 서구에 대한 이론을 가지고 있었다.

최근에 이르러서야 우리는 이런 현상에 담긴 의미를 완전하게 파악하게 됐다. 1979년에 던컨 드레트(Duncan M. Derrett)가 다음과 같이 썼다.

이 글을 쓰고 있는 필자는 나보다 뛰어나거나 나이가 많은 사람들과 더불어 인도인들이 영어를 배웠듯이 영국인의 방식과 가치를 익혔으며, 우리를 따라하고자 하는 집단으로서 '아주 잘해왔다고' 가정했다. 그러나 누구라도 그들의 다짐과 실제 모습 사이의 불일치를 보면 충격을 받을 것이다. 거의 전적으로 서구의 학문과 과학을 통한 훈련만을 받은 인도인도 위기상황에서는 구제 불가능한 동양인처럼 반응했다. 그들은 새로운 상황과 맞닥뜨릴 때마다 보이는 자신감 부족과 (과거에 이미 비용을 치렀지만 어디에 처박아둔) 외국의 충고에 대한 병적인 열망, 그리고 끔찍한 사고를 피하려 하지만 그저 줄을 타기 위해서만 줄을 타는 광대나 몽유병 환자처럼 행동했다. 그리고 그렇게 하는 이유는 설명하지 못한 채 정해진 동작만을 반복하는 그들의 태도가 이런 인상을 더욱 강화했다. (…) 필자는 지금도 사태의 실상이라고 생각하는 것, 즉 인도 전통이 줄곧 '상황을 관장했고' 영국의 사상과 방식은 영어와 마찬가지로 인도인의

목적을 위해 이용됐다는 것을 한참 후에야 깨달았다. 실
상 조종당한 것도, 우스꽝스러운 몽유병자였던 것도 모
두 영국인이었다. 나의 인도인 형제들은 갈색 피부의 영
국인이 아니라, 나의 거실을 돌아다니는 법을 배웠고 그
렇게 하는 것이 자신들의 목적에 부합되는 한 나의 거실
을 계속 돌아다닐 인도인이었다. 그들이 내 견해를 채택
하는 이유는 그것이 자신들의 이익에 부합해서였고, 그
들은 자신들의 이익에 부합하는 한에서만 그러한 견해
를 계속 간직할 것이다.[19]

드레트는 아마도 "올바른 이해(dharmāṇām bhūtapratyayekṣā)
를 갖추었다면 결정된 것이 결정된 대로 드러남과 동시에
그 안에 포함된 결정되지 않았거나 조건화되지 않는 요소
도 함께 드러난다"라는 말을 보탤 수도 있었다.[20] 모든 기
만적인 동양인들처럼 인도인들도 완전히 통제되고 있는
것처럼 보일 때조차 비결정적인 면과 자유를 꽤 보유하고
있다. 키플링이 그렇게 드러내놓고 증오했던 갈색 사힙들
중에서도 가장 저급한 무리인 바부의 전통을 이어나가는
이들이, 자신들은 부분적으로 키플링 같은 존재가 될 수
있는 반면 키플링은 부분적으로라도 바부 같은 존재가 결
코 될 수 없다는 사실에서 자부심을 찾을 수 없다는 사실
은 별개의 문제다.

키플링이 생각한 진정한 인도인, 이른바 용맹한 인도인이라는 하위범주는 어떠했는가? 또 키플링이 생각한 진정한 제국주의적 통치자, 즉 조심하지 않으면 자신이 통치하는 그 야만인으로 전락할 수도 있다는 두려움과 식민지를 문명화해야 한다는 사명감에 짓눌린 백인은? 인도 전통에는 이 두 유형에 대응하는 어떤 형상이 존재하는가? 아니면 그들은 그저 어떤 사람 운명의 일부가 된, 기이하고 원형적인 반신(anti-god)으로 여겨졌는가? 확실히 인도의 살아 있는 전통 안에는 근대 서구의 디오니소스적인 측면을 악마적 자아 혹은 아수라 프라크리티[asura prakṛti, 악마적 본성]라는 인도의 하위전통으로 파악하는 요소들이 존재했다.

Idamadya mayā labdhamidam prāpsye manoratham,
Idamastīdamapi me bhaviṣyati punardhanam.
Asau mayā hataḥ śatruh haniṣye cāparānapi,
Īśvaro'hamaham bhogī siddho'ham balavān sukhī
Āḍhyo'bhijanavānasmi ko'nyo'sti sadṛśo mayā.[21]

나는 이것을 원했고 오늘 그것을 얻었다.
나는 저것을 원하고 내일 그것을 얻을 것이다.
이 모든 부(富)는 이제 나의 것,

나는 곧 더 많은 부를 가질 것이다.

나는 이 적(敵)을 죽였다. 나는 나머지 적을 모두 죽일 것이다.

나는 인간의 지배자다. 나는 이 세상의 모든 것을 향유한다.

나는 성공했고 강하며 행복하다.

나는 아주 부유하고 고귀하게 태어났다.

누가 나에게 필적할 것인가?

아수라트와(asuratva, 악마적인 자아)는 인도 사회에서 일반적으로 덕의 부정으로 여겨지지만 때로 크샤트리아에게서 나타나는 병리적 현상으로 간주될 수도 있다. 그것은 미쳐 날뛰는 크샤트리아인 것이다.[22] 아마도 그것은 (용맹한 인종이라는 인도 토착의 이데올로기에 대한 영국적인 재구성을 포함하는) 키플링의 제국주의적 의식이 잘 들어맞는 틀일 것이다. 상황보다는 선택에 의해 지역적인 태도를 견지하게 된 키플링은 식민주의 세계관에 잘 부합한다는 사실과 별개로 크샤트리아야말로 진정한 인도성을 대변한다고 생각했다. 그는 전통적인 인도의 우주관에서 크샤트리아에게 부여된 제한적인 역할을 간과했다. 폭력과 대응폭력, 남성성과 최대치의 힘을 중심으로 조직된 식민주의적 문화와 모든 문명을 고급문명과 저급문명, 강할 자격이 있는 문명과 약해 마땅한 문명으로 구분해 바라보는 역사이론에서는 그러한 한계를 부정하는 쪽이 키플링 같은 부류의 이해에 부합할 것이다. 키플링은 인도문화에서 용맹한 것과 그렇지 않은 것에 각기 다르게 부여된 무게를 알고 있었지만, 그는 그러한 점을 잊어버려야 했던 것이다.

3

> 일관된 자연주의 또는 인본주의는 관념론이나 유물론 모두와 구분되면서도 동시에 그 둘을 통합하는 진리를 구성한다. (…) 오직 자연주의만이 세계사의 움직임을 파악할 수 있다
>
> —카를 맑스[23]

앞에서 나는 키플링이 근대 서구 편에서 인도인을 서구인의 반대항으로, 서구인을 합법적인 정복자이자 통치자로 재정의하려 했다고 주장했다. 또한 나는 이 새로운 정의가 서구에서와는 달리, 토착적인 유추를 통해 이미 근대 서구인을 파악했던 인도인에게는 철저히 내면화되지 않았다고도 주장했다. 인도인들은 서구인들을 잠정적인 통치자로 여겼지만, 서구인들은 모든 잠정적인 통치자와 마

찬가지로 영원의 환상 속에서 사는 경향이 있었다. 그러나 제국주의적 의식은 일부 서구화된 인도의 의식을 장악하는 데 성공했다. 이제 나는 식민지 경험이 우선 인도의 자기상을 쪼갠 후에 그 한 부분이 거짓됐음을 증명한 후 그 자기상을 재구성하도록 강제한 방식을 예로 삼아 그렇게 된 과정의 일단에 대해서 간략히 서술하려 한다.

인도는 "항시 **동양과 서양을** 막론해서 외부자가 침투하기 어려운 분리된 세계였다".[24] 그러한 문화는 투사의 장이 되어 각 문화가 자신의 깊숙한 환상을 그리로 투사하도록 유도하는데, 그러한 자기 투사를 통해 드러나는 것은 해석 대상이 아니라 해석 주체다. 그리하여 인도에 대한 모든 해석은 궁극적으로는 자전적이다. 쉽게 예상되는바 키플링을 정신적으로 계승한 인도인들은, 언젠가 서구의 방식으로 서구에게 승리할 용맹한 인도를 진정한 인도로 내세웠다. 그들은 그 영광스러운 날의 도래를 기다리면서 마치 적으로부터 마을을 구하기 위해 그 마을을 불태워버린 베트남전에서의 미군 장교처럼 서구에 대한 승리를 조금이라도 앞당기기 위해서 기꺼이 전체 인도문화를 바꾸고자 했다. 그들은 보통의 인도인을 서구인의 진정한 대안이 되지 못하는 존재로 탈신비화했다. 즉 그들은 실상 교활하게 물질주의적이고 폭력적이며 이기적이지만 위선적으로 정신주의자 행세를 한다는 것이었다. 그들은 서구의 방식으로 서구를 꺾고자 했던 일본처럼 신념에 찬 서구의 대항자도, 표면적으로는 서구에 적대적이지만 성취·조직력·도구적 합리성 같은 어떤 핵심 가치들을 서구와 공유하는 유교적 중국 같은 명백한 동양인도 아니었다. 또한 그들은 서구의 문명적 규범을 충족하는 존재도 아니었으며, 명백하게 고귀한 야만인도 아니었다. 이 새로운 크샤트리아의 문화적 이상은 강인한 세속주의에 의해 뒷받침되는 강건한 인도 국가였다.

그런 인도상에 대한 반발로 어떤 이들은 정신적인 인도를 '진정한 인도'와 동일시했다. 따라서 그들에게 모든 정신주의로부터의 이탈은 인도성 자체로부터의 이탈이었다. 그들은 인도가 근대 서구의 물질주의에 대항하는 전지구적인 의식의 축을 담당한다고 보았다. 이 견해에 따르면 서구는 이미 우월한 동양 문명에 패배했고, 단지 고집스럽게 그 사실을 인정하지 않을 뿐이었다.

위와 같은 인식들은 그토록 모순적인가? 한 사회는 항상 물질주의와 정신주의 중에, 그리고 견고한 현실과 비현실적인 꿈 중에 하나를 선택해야 하는가? 혹시 그러한 선택에 대한 생각 자체가 키플링이 신봉한 제국주의 사명의 산물은 아닌가?

인도문화에 대한 영국 식민주의자들의 태도는 항상 일

관성이 없었는데, 이런 사실은 권위주의적 성격 유형에 대한 우리 시대의 여러 연구가 제시한 자민족 중심주의에 대한 묘사에 부합한다. 한편으로 영국인은 인도인을 노골적으로 세속적이라고, 즉 극도로 교활하고 탐욕스러우며 자기 중심적이고 돈을 밝힌다고 본다. 동시에 그들은 인도인들이 노골적으로 탈속적이라고, 그리하여 근대 과학과 기술 및 통치술과 생산적인 노동에 적합하지 않다고 경멸했다. (만약 그러한 증명이 필요한 것이라면 인도의 식민주의자들은 억압적인 체제가 모든 가능한 방식으로 정당성을 추구한다는 것을 증명해냈다. 영국령 인도에서 정신주의는 결코 유일한 아편阿片이 아니었다.) 이것이 인도의 근대적 부문에서 지속되어온 하나의 분열상이었다. 일단 인도 문제에 관한 설명들이 고갈되고 나면 근대적 인도인은 항상 정신적인 인도 혹은 유사 정신적인 인도라는 정형에 의지하고픈 유혹을 느꼈다.

물론 대다수 인도인들이 사태를 이런 식으로 보았는지는 의문스럽다. 인도는 단지 그 정신적 자아에 국한되지는 않는다. 인도 사회가 정신주의에 중요한 위상을 부여한 것은 사실이지만, 정신주의가 인도성의 압도적인 측면은 결코 아니다. 구조기능주의라는 오래된 관점뿐만 아니라 맑스주의적 관점에서 이루어진 엄청난 숫자의 실증적 연구는 최소한 인도의 정신주의 저변에 세속적인 선택들과 견고한 자기이해 그리고 현실에 대한 검증 태도가 자리잡고 있다는 것을 알게 해주었다. 그러나 그렇다고 해서 그런 연구를 수행한 학자들까지도 포함하여 그 누구도 인도인에게 보다 세속적이고 현실적으로 바뀌어야 한다고 촉구하는 것을 멈추지 않았다. 코삼비(D. D. Kosambi)처럼 박식한 학자도 어느 글에선가 기타(Gītā)에 담긴 '약삭빠른 기회주의'를 지적한 후에 그 단락이 끝나기도 전에 이번에는 그 경전이 '물질적인 실체는 역겨운 환영'임을 인정한다고 비난했는데, 그런 모순적인 논평은 순진하다 싶을 만큼 안일했다.[25] 인도의 물질주의에 관해서도 사정은 비슷하다. 모든 물질주의적 해석이 다 동원된 이후에는 환원불가능한 정신주의적 요소가 인도의 가장 투철한 물질주의를 이끄는 것으로 드러난다. 때때로 그런 요소는 육체는 의욕적이지만 정신이 약한 사람에게 잔존하는 비합리성으로 간주되기도 하는데, 이런 흔한 비유의 역전된 형태는 그 자체로 풍부한 이야기를 품고 있다. 어떤 경우 그 요소는 그저 위선으로, 즉 가진 분별력에 비해 더 큰 권력을 쥐고 있는 미신적인 인도 대중과의 정치적 타협으로 여겨진다. 그러나 합리주의적 사회비평가인 람모훈 로이가 브리스톨(Bristol)에서 말년을 보내기를 기도하며 지냈다거나 불가지론자인 자와할랄 네루(Jawaharlal Nehru, 1889~1964)가 신비한 최후의 유언과 증언을 남겼다는 유명한 일화에 이르기까지 그런 요소들은 한결같이 생의 단계(āśramas)를 통과하는 시간여행이라는 모티브로 드러난다는 사실은 주목할 만하다.

아마도 데까르뜨적인 의식 속에서만 쿠마라스와미 (Ananda Coomaraswamy)와 라다크리슈난(Sarvepalli Rad-hakrishnan)의 인도는 코삼비와 차토파디야야(Devi Prasad Chattopadhyaya)의 인도를 부정할 것이다. 오직 근대적 의식 속에서만 그 두 인도는 변증법적으로 상호 관련되면서 상호 보완하는, 동일한 생활양식 내의 두가지 흐름이 되는 대신에 사람들의 정신을 두고 경쟁하는 두 이데올로기가 될 것이다.[26] 그런 사실은 두 이데올로기가 투사하는 각각의 인도상 모두 서구의 문화적 침투의 산물이자, 내적으로는 근대 서구의 정신에 부합하는 범주에 따라 인도문화를 재구축하려는 시도임을 달리 말한 것이다. 양자는 모두 삶의 여러 다른 차원 혹은 자아의 다른 측면을 이데올로기로 변형하려는 시도였다.

일단 그 이데올로기들을 전문적인 연구대상으로 보고자 하는 습관에서 벗어나게 되면, 대개의 세계관에서와 마찬가지로 인도의 세계관에서 가장 비타협적인 이데올로기조차 삶의 어떤 차원이나 측면 혹은 존재론적이거나 실존적인 특정 문제에 대한 대응으로 읽을 수 있다. 언제나 복수의 이데올로기가 단일한 생활양식 안에 포함될 수 있는 법이다. 마땅히 그래야 한다. 살아 있는 문화는 살아남아야 하기에 그 분석자가 아니라 스스로에 대해 책임을 져야 한다. 더군다나 살아 있는 문화에는 그 자신의 것이든 다른 누군가의 것이든 어떤 모델에 부합해야 한다는 책무는 더더욱 없다. 물론 현대의 학자들은 자신의 학문 분야에 대한 그들만의 책무가 있다. 그리하여 그들은 여러 생활양식들과 여러 이데올로기들 간의 유동적인 대응관계(convertibility)를 허용해서는 안 되기에, 인도의 두 측면 중 하나를 거짓된 것으로 밝힘으로써 그들 스스로 만들어낸 물질주의적 인도와 이상주의적 인도 간의 '모순'을 해소해야만 한다.

그리하여 근대 인도에서는 누구라도 기이한 딜레마에 사로잡히게 된다. 한편에는 인도로부터 물질주의적 인도는 배제하고 정신주의적 인도만을 강조함으로써 종교적 숭배의 대상이 된 인사들이 있다. 그들은 서구의 정신주의와 즉각적인 구원 시장의 상품이 됐기에 점점 더 근대 세계의 주요한 사회구조에 의존하면서 고대의 사유를 현대 과학을 통해 정당화했고, 현대의 문제를 해결하기 위해서는 전통적인 지식을 수정함으로써 양자 모두를 사소하게 만들어버리는 위험을 감수하게 된다. 그럼에도 불구하고 이 구루(guru, 스승 또는 종교지도자)들은 인도인들에게 그들의 진정한 영적 운명을 되찾아주었다고 알려진다!

그 반대편에는 인도의 정신주의를 '꿰뚫어보고' 그 저변에 자리잡은 저급한 물질주의만을 보는 이들이 있다. 니라드 초두리와 나이폴 같은 이들은 정신주의적인 인도의 실상을 폭로함으로써만 위에서 언급한 현대의 스승(maharṣis)이나 학자(ācāryas)들과 대위법적인 관계를 맺을 수 있었다.[27] 즉 직업적인 폭로자가 됨으로써만 그들은 직업적인 신의 사람들(godmen) 또한 속해 있는 근대 세계의 일부가 되는 것이다. 그들은 자신들이 거부하는 신의 사람들과 마찬가지로 자신들이 생각하는 판본의 인도를 선전하고자 근대 세계를 이용했다. 다만 그들은 정신주의적인 인도만 팔고 물질주의적인 인도는 거짓된 것으로 밝히는 대신 물질주의적인 인도만을 팔고 정신주의적인 인도에 대해서는 그 실상을 폭로했을 따름이었다. 현대의 구루들을 뒤집어 놓은 존재들인 그들은 서구의 진정한 복사본 혹은 진정한 대항자가 아니라는 이유로 인도를 용서할 수 없었다. 그들은 자신들이 인도 사회의 주요한 실패라고 여기는 것보다 인도인의 혼란스러운 자기정의(self-definition)를 더욱 증오했다. 예컨대 힌두교도들은 평화를 얘기하면서 공격적이고, 순수 이데올로기에도 불구하고 불결하며, 정신주의를 설파하면서 물질주의적이고, 서구인이 되려고 노력하면서도 우스꽝스럽게 인도인이라는 것이다.[28]

사람은 위선자가 될 수 있다. 문화도 그러한가? 문화의 위선은 자세히 검토할 경우 인간 조건 자체에 내재한 모순으로 드러나지 않을까? 마찬가지로 개인의 위선 또한 그저 흔한 표리부동은 아닐까? 혹은 위선자는 스스로는 세속적인 유혹에 굴복하면서도 기본적인 인간적 가치에 대해 적대적인 세계에서 그런 가치를 재천명하는 존재가 아닐까? 즉 그는 개인적인 실패를 통해 보다 너른 문화의 위기를 알리는, 의도하지 않은 일상의 비판자가 아닐까?

아마도 그 해답은 질문보다는 덜 복잡할 것이다. 결국 인도도 세계를 벗어나 존재하지는 않는다. 인도 또한 여러 세기에 걸쳐 세계의 다른 지역에서처럼 보다 인간적인 사회를 향해 혼란스럽기도 하고 진지하기도 한 탐색을 이어 왔다. 문명화된 사회생활에 대한 그런 인도의 실험 대다수는 엄청난 난관을 이기고 살아남기 위한 즉흥적인 노력이었다는 것도 확실했다. 그 실험들은 대개 실패했고, 인도 문화가 꿈꾼 것도 대부분 악몽으로 바뀌었다.

덧붙이자면 인도 사회는 최근 몇세기 동안 강력한 근대성 이데올로기와 모든 것을 제압하는 기술로 무장한 외부의 억압적 세력과 주요한 타협을 해야 했고 여전히 그런 경험을 극복하려 애쓰는 중이다. 인도 사회는 불가피한 상황에 맞닥뜨렸을 때 희생자가 종종 취하는 창의적인 방어법을 발전시켜야만 했다. 그런 방어법에는 강자의 우스꽝스러움을 밝히는 약간은 희화화된 모방, 분명하게 강자의 우월성을 인정하면서도 그들의 문화는 부정하는 강자의 방식에 대한 수단적인 활용(이런 대응은 노동, 생산성, 남성성, 성숙 혹은 성인다움, 합리성, 그리고 정상성 같은 가치의 부정을 포함할 수도 있다), 지능·창조성·성취·적응·개인적 성장 혹은 발전 같은 한 개인의 '체제' 적응을 보장해주는 가치 있는 자질이나 기술을 전복하는 기묘한 능력, 환심을 사야 하는 대상의 선택을 간접적으로 제약하기 위한 과잉된 아부, 그리고 최소한 그런 삶의 방식을 이기심의 부정으로 간주하는 사람들을 무장해제하는 양식화된 탈속주의 등이 있다.

키플링이 그토록 영리하게 파악했던, 서구화된 인도인의 성격에서 드러나는 병리적인 면모는 애초에 인도 사회가 키플링의 자아이상(ego-ideals)과 대면한 경험에 뿌리를 두고 있다. 초두리와 나이폴 같은 이들은 불가피한 자기방어 방식에 대한 비판자임과 동시에 그 자기방어 방식의 일부이기도 했다. 그들은 외부인들에게 진정한 자아, 즉 희생자의 가장 깊숙한 사회의식을 노출하지 않으려고 고안된 문화의 '2차적 해명'(second elaboration)을 제공하는 것이다.

결국 결정된 것은 그렇게 확고하게 결정된 것이 아니었다.

4

아마도 그런 세계에서는 인도의 물질주의와 정신주의 모두 그 규약이 깨지게 되는 순간 양자가 동일하거나 상보적인 관심사를 공유한다는 사실이 드러날 수도 있다. 이제 나는 여러모로 키플링과 크게 대조되는 스리 오로빈도(Sri Aurobindo, 1872~1950)의 생애를 통해 이러한 상호 관계를 검토하려 한다. 나는 키플링과 오로빈도 가운데 후자의 식민주의에 대한 대응이야말로 '타자'의 자아에 대한 더 큰 존중과 보다 보편적인 해방 모델에 대한 탐색을 추구한 문화적 자기긍정임을 보여주고자 한다. 그의 탐색이 오늘날의 많은 이들에게 아무리 기괴하고 병적으로 보이더라도 말이다. 사실 오로빈도의 '병적인 면모'와 '기괴함' 자체도, 오로빈도의 개인적 삶 속에 깊이 응축된 식민주의 문화의 산물이었다. 오로빈도의 정신주의는 문화적 공격에 대처한 한 방식으로 볼 수 있고, 그러한 한에서 인도적 관점에서 서구를 이해하고자 모색한 저항의 언어였다. 물론 그 시도가 인도 사회에 얼마나 이해됐는지, 또 얼마나 탈속적인 인도인이라는 서구의 시각에 귀착되고 말았는지는 평가가 필요한 사안이다.

키플링은 문화적으로 인도의 아이였지만, 자라서 서구의 도덕적·정치적 우월성을 대변하는 이데올로그가 됐다.

오로빈도는 문화적으로 유럽의 아이였지만, 자라서 인도 정신주의의 숭배자가 됐다. 키플링이 진정한 유럽인에 대한 자신의 관념에 부합하고자 자신의 인도성을 부정했다면, 오로빈도는 진정한 인도인에 대한 자신의 관념에 부합하고자 자신의 인도성을 인정했다. 둘 모두 식민주의적 정신병리의 산물이었지만, 오로빈도 쪽이 식민주의가 야기한 정신적 분열에 대한 보다 보편적인 대응을 상징한다. 결국 오로빈도는 자신이 생각하는 인도인이 되기 위해서 자기 안의 서구를 부정할 필요가 없었다. 생애가 끝날 때까지 서구문화는 그의 창조적인 자기표현의 수단 노릇을 해주었고, 오로빈도는 결코 서구가 신의 은총의 바깥에 있다고 생각하지 않았다. 심지어 서구 우주론의 가장 위험한 두 주제인 인종과 진화에 대해 말할 때에도 그는 그런 관념들을 인류를 구분 짓기 위해 사용하는 대신 항상 전체 인류와 인간의 진보를 생각했다. 2차대전 중에 자신의 요가가 유럽에서 전쟁의 향방과 일본의 운명을 결정지을 것이라는 놀라운 주장을 했을 때에도, 오로빈도는 결정적인 전투에서 자신이 어느 편에 서기를 원하는지, 자신의 정신적인 힘으로 어느 진영의 문명을 구하기 원하는지를 잘 알고 있었다. 예컨대 그에게 나치 독일은 항상 악의 세력이었다. 한편 '아시아의 재생'은 그의 가장 소중한 꿈 중 하나였지만, 그는 일본 군국주의는 끝까지 혐오했다.[29] 키플링의 '영혼의 병'(sickness of soul)과 비교할 때 오로빈도의 '마음의 병'(sickness of mind)은 인간적 곤경에 대한 탁월한 인식을 담고 있다고 결론지을 수밖에 없다. 오로빈도는 레잉스(R. D. Laings)가 등장하기 훨씬 이전에 장엄함과 자기초월(depersonalization)의 깊은 느낌이 대안적인 정치적 도덕을 내포할 수 있다는 것을 보여주었다.

이런 논점은 다른 방식으로 말할 수도 있다. 오로빈도는 (부분적으로는 뱅킴찬드라와 비베카난다에게서 영감을 받아) 가장 격렬하게 식민주의에 반응한 부류에 속하면서도, 뱅킴찬드라와 비베카난다와 마찬가지로 항상 인도 문명 안에 진정한 서구의 자리를 마련해 놓았다. 반면 키플링에게 인도는 평등권을 누릴 수 있는 문명이 아니었다. 인도는 그저 누구라도 사랑할 수 있는 지리적 공간이자 진정한 남자일 경우 자신을 발견할 수 있는 사회적 공간일 뿐이었다. 이런 차이는 확실히 우연이 아니었다. 오로빈도는 무엇보다도 희생자였고, 희생자의 지위로부터 고통의 새로운 의미와 새로운 저항 모델을 벼려냈다. 희생자로서 오로빈도는 자신의 인간성과 도덕적 온건함을 보다 신중하게 보호했고, 또 그래야만 했다. 왜냐하면 식민체제는 그를 그저 하나의 대상으로 여긴 반면 그는 식민주의자들을 단순한 대상으로 볼 수 없었기 때문이다. 서구는 항시 오로빈도 같은 인도의 희생자들에게 사랑과 동시에 증오의 대상이자, 동일시와 반(反)동일시의 대상으로서 인간 내면의 현실이었다. 그리고 이런 반응은 생존을 위한 투쟁의 일환이었다.

오로빈도 아크로이드 고세(Aurobindo Ackroyd Ghose, 서구식의 가운데 이름은 아버지가 붙인 것이다)는 셋째 아들이었다. 캘커타(Calcutta) 인근에 거주했던 브라만 계층의 고세 일가는 당시 인도의 새로운 사회변화 흐름에 충분히 노출되어 있었다. 영국에서 의학 교육을 받은 아버지 크리슈나단(Krishnadhan)은 관직에 있었고, 친구들과 친척들 사이에서 영국 양식을 따르는 것으로 유명했다. 크리슈나단은 자식들이 벵골어를 배우거나 쓰는 것을 금했고, 집에서조차 아이들은 영어로만 대화해야 했다. 그들이 먹는 음식과 입는 의복 또한 영국식이었다. 게다가 크리슈나단은 무신론자였고, 자식들이 힌두교의 나쁜 영향에 물들지 않도록 굉장히 애썼다. 몇가지 이유 때문에 어린 오로빈도는 아버지의 열성적인 사회공학적 교육의 대상이 됐다. 크리슈나단은 "인도의 그 어떤 것도 자신이 가장 아끼는 이 아들에게 닿지 않도록 극도의 주의를 기울였다".[30]

'공식적인' 전기작가들은 이에 관해 별로 언급하지 않지만, 오로빈도의 어머니 스와르날라타(Swarnalata)는 저명한 학자이며 종교지도자이자 민족주의적 사회개혁가이기도 했던 라지 나라얀 보스(Raj Narayan Bose)의 딸이었다. 그녀는 뛰어난 미모로 유명했다. 개혁가 집안 출신인데다 극도로 서구화된 사람과 결혼했지만 스와르날라타는 정통 힌두교도였고, 그녀가 남편의 서구적인 생활양식을 아주 만족하게 여기지 않았다는 것은 거의 분명했다. 그녀가 식구끼리 영어로 의사소통하는 기이한 연극을 즐겼을 리도 없다. 그러나 사용 언어의 제약보다도 이 가족관계를 더욱 교란한 것은 오로빈도가 어렸을 때 스와르날라타에게 닥친 질병이었다. 당시 사람들이 히스테리라고 부른 그녀의 병은 보다 심각한 어떤 질병의 초기 단계가 분명했다. 그녀의 아버지가 요양을 위해 그녀를 데오가르(Deoghar)에 있는 친정으로 데려갔지만, 그녀의 증세는 점점 더 악화되어 '통제불능'이 됐다. 그사이 크리슈나단은 정부를 집에 들였다.

시간이 많이 흘렀기 때문에 스와르날라타가 앓은 병에 대해서는 자세하게 알 수 없게 됐다. 알려진 것이라고는 그녀 집안에 여러명의 히스테리 환자가 있었고, 그녀는 그 질병 때문에 간헐적으로 자식들에게 폭력을 행사했다는 것 정도다. (최소한 한번은 어린 오로빈도가 두려움에 얼어붙은 채 어머니가 형을 때리는 것을 목격한 적이 있었다.[31]) 그러한 어머니로 인해 혹은 가정환경 전반으로 인해 어린 오로빈도에게 무언증 증세가 있었고 그가 인간관계와 절연하려는 조짐을 보였다는 것도 알려져 있는데,[32] 후일 그의 추종자들은 그런 일화를 정신주의의 초기 징후라 여기게 된다.

서구는 다른 방식으로 오로빈도를 계속해서 억압했다. 다섯살이 되자 오로빈도는 다질링(Darjeeling)에 있는 완전히 서구화된 엘리트 기숙학교로 보내졌고, 그곳에서는 영국인 가정교사가 어머니 같은 역할을 했다. 동급생들은 대부분 백인이었다. 영어는 유일한 학습 언어였을 뿐만 아니라 교과 시간 이외에도 유일한 대화수단이었다. 그로 말미암아 오로빈도는 어린 나이에도 불구하고 추방됐다는 느낌을 3인칭으로 표현했다. '눈 덮인 봉우리들이 보이는 히말라야의 그늘 아래 자신들이 태어난 땅에서 그들은 이국적인 환경에 둘러싸여 자라났다.'[33] 오로빈도가 다질링에서 처음으로 경험한 초자연적인 체험에도 고독과 우울의 느낌이 짙게 배어 있었다. 그는 만져질 듯한 어둠이 지상으로 내려와 자기 안으로 들어가는 환상을 보았다. 그 어둠은 이후 14년 동안 그에게 머물러 있게 된다.

오로빈도가 일곱살이 되자 부모는 다른 두 형제와 함께 그를 영국으로 데려갔고 그곳에 그들을 두고 인도로 되돌아왔다. 이제 그들은 서구화된 인도의 생활양식이 아니라 서구적인 영국의 생활양식에 직접 노출됐다. 오로빈도와 형제들은 런던에서 드레웨트(Drewett) 목사 부부의 보호를 받으면서 생활했는데, 그들은 자기 자식들이 "그 어떤 인도인과도 접촉하지 않고 그 어떤 인도적인 영향도 받지 않게끔" 하라는 크리슈나단의 '엄격한 지침'을 따라야 했다. "그 지침은 글자 그대로 철저하게 지켜졌다."[34] 또한 오로빈도의 아버지는 드레웨트 부부에게 어떠한 종류의 종교 교육도 시키지 말도록 지시했다. (그러나 자신의 복음주의적 신앙에 더 충실했던 드레웨트 목사의 어머니가 오로빈도의 영혼을 염려해서, 어느 일요일 어렵사리 오로빈도가 기독교 세례를 받게끔 했다.)

오로빈도는 드레웨트 목사 가정에서, 그후에는 런던 소재의 엘리트 학교에서 유럽의 고전, 특히 라틴어와 그리스어 고전을 익혔고, 라틴어와 그리스어 및 영어로 시를 써서 출간했다.[35] 이어서 오로빈도는 케임브리지 대학 킹스 칼리지에 장학금을 받고 입학했으며, 그곳에서 일년 만에 고전과 관련된 모든 상을 휩쓸 정도로 빼어난 학업성취를 과시했다. 더불어 그는 열심히 프랑스어를 공부했고, 독일어와 이딸리아어도 어느 정도 배웠다. 그때까지는 아무런 반항의 조짐도 보이지 않았다.

학업의 성공이 오로빈도와 형제들이 때때로 영국에서 겪어야 했던 심각한 생활고에 대한 방패막이 되어주지는 않았다. 그들의 아버지는 부유했음에도 불구하고 뚜렷한 이유 없이 영국으로의 송금을 중단하곤 했으며, 그러면 세

형제는 극심한 빈곤 속에서 살아야 했다. 이런 곤경에 더해 오로빈도는 고독을 견뎌야 했다. 그는 영국에서 그 누구와도 친밀한 관계를 맺지 못했다.[36] 그 결과가 중년의 오로빈도가 지나가듯 언급한 바 있는 '내면의 우울'이다.[37] 또다른 결과는 더욱 예상하기 쉬운 것이었다. 여러해 동안 그는 영국이 이상적인 사회라고 배웠으나, 이제 영국은 그가 어린 시절 서구에 대해서 가졌던 두려움을 다시금 불러일으켰다.

마침내 오로빈도는 서구에 대처하는 대안적인 방식을 찾으며, 동시에 아버지의 영국식 성공 모델을 거부하기 시작했다.[38] 오로빈도는 고전학위(Classical Tripos) 과정의 첫 1년을 우등으로 마쳤지만 결국 학위를 마치지는 않았다. 더 심각하게도 그는 인도의 행정고시에서 우수한 성적을 거두었지만, 아버지가 "그 시험을 각별하게 여긴다"는 사실을 잘 알고 있으면서도 승마시험에 결시함으로써 의도적으로 불합격을 자초했다.[39] 마침내 오로빈도는 케임브리지 대학의 인도 유학생 모임에서 몇차례 격정적인 민족주의적 연설을 했고, 인도 독립의 대의를 도모하는 막 결성된 비밀협회에 가입했다.

이즈음 오로빈도는 서구와의 단절을 상징하듯이 아크로이드라는 중간 이름을 버렸다.

14년간의 영국 생활과 (그 자신의 표현인) 철저한 탈민족화 과정 후에 오로빈도는 인도로 돌아왔다. 그는 아버지가 돌아가셨다는 것을 알게 됐다. 그의 아버지는 오로빈도를 실은 배가 침몰했다는 소문을 듣고 심장마비로 사망했다. 이어서 그는 정신병이 상당히 진전된 어머니가 자신을 겨우 알아볼 뿐이라는 사실도 접하게 됐다. 그러나 그때쯤 그는 이미 부모 역할을 해줄 새로운 존재에게로 향해가고 있었다. 인도 땅을 밟았을 때 이미 다질링 시절부터 그를 괴롭히던 어둠이 사라지면서 그는 깊은 고요와 침묵에 둘러싸이는 경험을 했다.[40] 결국 그는 고국으로 돌아왔고, 새로이 모국어를 배우고, 곧 말하겠지만 어머니의 원초적인 권위를 발견하게 된다.

오로빈도는 바로다(Baroda)에서 관료와 영어 교사로서의 삶을 시작했다. 그는 영국에 있는 동안 영국인 학자에게서 뱅골어와 산스크리트어를 어느 정도 배웠는데, 바로다에서 그 지식을 가다듬는 한편 마라타어(Marathi)와 구자라트어(Gujarati)도 새로 익혔다. 그는 언제나 어학과 대중연설에 뛰어났지만, 개인적 삶에서 더욱 침묵하게 되자 공적인 소통의 장에서는 더욱 뛰어난 표현력을 보이게 됐다. 그는 민족주의적인 잡지에 글을 발표하게 되면서 점점 주요한 공적 인물로 부상했다. 그가 자신의 영적인 힘을 최초로 자각하게 된 것도 바로다에서였다. 한번은 자신의 몸에서 떨어져나간 빛나는 신성한 자아가 마차를 대신 운전함으로써 사고를 모면하기도 했으며, 언젠가는 칼리 (Kālī) 여신상 속에 살아 있는 어떤 존재를 목격한 적도 있었다.

1901년, 오로빈도는 결혼을 했다. 신부인 므리날리니 데비(Mrinalini Devi)는 그녀 아버지의 설명대로 매력적이지만 그밖에는 모든 것이 평범한 14세 소녀였다. 그녀는 자신의 평범함에 대한 댓가를 치러야 했다. 오로빈도는 스스로 그녀를 선택했지만 그녀가 자신의 기대에 미치지 못한다는 것이 확실해지자 부인에 대한 관심을 끊어버렸다. 므리날리니는 오로빈도가 탈속하고 몇년이 지난 1918년 자식도 없이 고독과 상심 속에서 죽었는데, 아마도 그녀의 죽음은 남편의 애도를 받지도 못했을 것이다. 사망 당시까지도 그녀는 오로빈도의 오랜 부재를 고통스러워했으며, 남편이 돌아와 그의 새로운 삶에 자신도 포함해주리라고 기대했다. 또한 그녀는 마지막까지도 자신에게 돌아올 수도 있다는 남편의 막연한 암시에 의지해서 종교적인 활동을 통해 남편에게 받아들여지는 존재가 되고자 순진하게 애썼다.[41] 그러나 오로빈도는 끝내 그녀에게 돌아오지 않았다. 므리날리니가 죽은 후에 그녀의 아버지가 쓴 슬픈 이야기는 (나중에 오로빈도가 아슈람Ashram에서 손질을 가했지만) 자신이 이해할 수 없는 힘에 짓눌린 한 순박하고 맹목적인 여인의 비극을 보여준다.

정신적인 것에 대한 추구와 결혼도 오로빈도가 민족주의 운동의 소용돌이 속으로 이끌려 들어가는 것을 막지 못했고, 곧 그는 영국의 통치를 힘으로 무너뜨리고자 했던 정치단체의 주요 지도자 중 한명이 됐다. 또한 중요한 민족주의적 잡지의 편집자가 됐으며, 더불어 캘커타 소재의 민족주의 대학의 학장직도 맡았다. 동시에 그는 자신의 정치 이데올로기를 구성할 기초적인 생각들을 정리했다. 그것은 '프롤레타리아'가 '상황 타개의 진짜 열쇠'⁴²라는 모호한 형태의 인민주의와, 서구에 의해서 억압됐지만 자식들의 피의 희생을 통해 해방되어야 하는 강력한 어머니 샥티(Śakti)에 관한 신화적 서사를 근간으로 했다.

나는 어머니인 내 나라를 안다. 나는 어머니에게 헌신과 숭배를 바친다. 만약 어떤 괴물이 어머니의 가슴에 올라타서 피를 빨려고 한다면 자식은 무엇을 해야 하나? 얌전히 밥상을 받을 것인가 (⋯) 아니면 어머니를 구하기 위해 뛰쳐나갈 것인가? 나는 내 안에 쓰러진 내 나라를 구원해낼 힘이 있음을 알고 있다. (⋯) 그것은 지나나(Jnana)에 근거한 브라마테지(Brahmatej), 즉 지식의 힘이다. 이러한 느낌은 나에게 새로운 것이 아니다. (⋯) 이 느낌을 가지고 나는 태어났다. (⋯) 신은 이 일

을 하라고 나를 이 땅으로 보내셨다.[43]

물론 이러한 이미지는 부분적으로 위대한 어머니라는 요소를 처음으로 인도 민족주의에 도입한 뱅킴찬드라 차터지에게서 빌려온 것이다. 오로빈도는 이런 영향과 더불어 대영제국의 언어이자 자신의 아버지 크리슈나단이 사랑했던 영어를 인도에서 몰아내고 그 자리에 모국어를 세울 수 있다는 희망을 불러일으킨 그의 저술활동 때문에도 뱅킴찬드라를 존경했다.[44]

오로빈도는 혁명을 추구하는 정치활동 끝에 결국 수감됐고, 반란 혐의에 대한 길고도 극적인 재판에 휘말리게 됐다.[45] 감옥 생활, 특히 독방에 수감됐던 시간은 그에게 영적으로 큰 변화를 가져다주었다. 오로빈도는 감옥에서 요가를 수행했고, 기타와 우파니샤드를 읽었으며, 죽음의 경계에 대해서 비베카난다와 얘기를 나누었고, 크리슈나 신을 만나기도 했다. 그는 때때로 공중부양 동작으로 단조로운 수감생활을 이겨냈다.[46] 오로빈도가 가장 감사함을 느끼는 삶의 은총은 그가 1908년 감옥에서 찾은 것, 즉 '침묵'과 '공(空)'이었다.[47] 그 이래로 "무슨 일이 벌어지든 그 모든 일은 공이었으며" 그는 "어떤 때라도 행동으로부터 순수한 침묵의 평화로 물러날 수 있게 됐다".[48]

오로빈도는 1909년 5월에 석방됐다. 다행히도 영국법에

서 반란은 로크 철학과 현재 이사야 벌린(Isaiah Berlin)이
'소극적 자유'의 이념이라고 부른 것에 부합하는 원칙에
따라 규정됐다. 달리 말하면 반란은 프로이트나 이 글을
쓰고 있는 필자의 철학적 선조들의 사상을 참조해서 정의
되지 않았다. 그리하여 정치적 저항과 재판 및 석방, 그리
고 이어지는 순응의 과정을 통해 드러난, 크리슈나단의 아
들에게 벌어진 권위와 관련된 내적 위기에 담긴 오이디푸
스적인 의미는 법률 문서 아래에 감추어질 수 있었다. 한
편 정부는 오로빈도의 탈속적인 수사나 법원의 명령에 속
아 넘어가지 않았다. 다시 체포당할 위험은 계속됐다.[49] 아
마도 오로빈도 또한 영국법의 자유주의를 그대로 받아들
이지는 않았을 것이다. 그의 신비주의는 실용적인 측면이
있었고, 명백하게 세속적인 성격도 띠고 있었다.[50]

   그래서 1910년 "저 위에서 내려온" 명을 받은 오로빈도
는 인도 남부의 프랑스령인 뽕디셰리(Pondichery)로 이주
했다. 그는 그곳에서 출가자로서의 삶을 시작함으로써 많
이 이들의 원망을 샀으나, 그의 선택은 기이한 방식으로
당시 다수의 벵골 테러리스트들이 걸었던 삶의 행보를 뒤
쫓는 것이었다. 소수의 추종자들이 뽕디셰리에 집결했고,
그들은 검소하고 소탈하게 살면서 인도뿐만 아니라 모든
지역의 모든 사람들을 해방하게 된다는 특정한 형식의 요
가를 수행했다. 오로빈도 자신이 분명하게 밝혔듯이, 그는

이제 군인다운 힘, 즉 크샤트라테지(ksātratej)가 아니라 금욕과 참회를 통해서 얻을 수 있는 브라만적인 지식의 힘, 즉 브라마테지를 추구했다.

이렇게 그의 이야기가 끝날 수도 있었으나, 서구는 다시 한번 오로빈도의 삶에 결정적인 개입을 준비해두고 있었다. 1914년, 당시 37세였던 미라 뽈 리샤르(Mira Paul Richard)라는 매력적인 프랑스 여인이 가정과 남편, 자식을 버리고 오로빈도와 합류했다. 오로빈도와 미라는 실제로 만나기 이전에 이미 요가를 통해 서로 알고 있었고, 인간의 진화를 진전시키기 위해 역사의 새벽 이래로 줄곧 함께 노력해온 터였다.[51] (비록 그들의 공동 작업이 여러세기에 걸쳐서 진행됐지만 둘의 스타일은 서로 달랐다. 오로빈도는 모든 주장을 부분적으로 은유를 빌려 표현했다면, 미라는 보다 직설적이었다.[52] 심지어 주술적인 사안에 대해서도 미라는 훨씬 현실적이었다.) 미라는 곧 아슈람의 조직을 책임지게 됐고, 오로빈도는 그녀에게 스리 마(Sri Ma), 즉 어머니라는 칭호를 부여했다.

오로빈도라는 카리스마적인 지도자가 있기는 했지만 뽕디셰리의 그 수행자 집단은 처음에는 평등한 자들의 연합체였다. 미라 리샤르가 그 집단에 공적인 규율과 분명한 위계를 강제하면서 그런 자유방임적인 분위기가 사라졌다.[53] 더이상 평등한 외양은 허용되지 않았다.[54] 이제 오로빈도는 최고 구루로서 구원에 이르는 마지막 열쇠가 됐다. 동시에 미라는 오로빈도가 세속적인 인간들과 소통하는 매개가 됐다. 오로빈도가 말한 것처럼, 대부분의 사람들은 지나치게 추상적이거나 심원하지 않고, 너무 엄격하지도 않은 권위를 쫓기 때문에 미라는 '낮은 단계의 의식으로 내려와야' 했다.[55] 아마도 그런 보통사람들을 위해서 화려한 비단옷으로 감싼 그녀의 몸과 진하게 화장된 그녀의 얼굴 모습은 항상 오로빈도의 초상과 나란히 아슈람의 벽을 장식해야 했으리라.

1926년 미라를 자신의 샥티로 받아들인 오로빈도는 더욱 침묵과 은거의 삶을 살게 됐다. 단지 미라와 몇몇 제자만이 가까운 관계를 유지하며 그와 정기적으로 만났다. 여타의 사람들을 만나는 자리는 일년에 네번만, 그것도 짧게 마련됐다. 그밖의 시간에 오로빈도는 초월적인 정신을 지상으로 데려오고 초인이라는 새로운 인종을 창안하기 위한 요가 수련으로 바빴다.[56] 오로빈도의 은거로 말미암아 아슈람을 통제하는 미라의 권한은 더욱 강화됐고, 오로빈도 사후에 그녀는 절대적인 존재가 됐다. 그녀는 오로빈도의 신비주의에 담긴 상상력과 개방성을 천천히, 그러나 확실히 제거해나갔다. 이런 미라의 강력한 존재감과 효율적인 관리 아래 아슈람은 사회적 지위를 예민하게 의식하는 보수적인 조직이 되어 근처에 사는 사람들을 억압하는 수단이 되어갔다. 오로빈도 사후에 아슈람은 한동안 뽕디셰리의 독립을 반대하기까지 한 것이다.[57] 아슈람은 점차 필연적으로 잘 조직된 현대적인 신비주의 종파이자 회사 같은 교회의 모습을 갖추게 됐다.

그러나 한 인간이 속한 역사적 현실은 결코 그 인간의 삶의 의미에 대한 충실한 표지가 될 수는 없다. 그리하여 스와르날라타와 크리슈나딘의 조용하고 반항할 줄 모르며 오랫동안 고통을 겪어온 아들에게 유럽 출신의 강하고 헌신적인 여성과 맺은 깊은 관계는 전혀 다른 의미였다. 오로빈도에게 둘의 관계는 해방된 동양이 마침내 어머니로 상징되는 비억압적인 서구를 만난 것을 뜻했다. 그 만남 이래 오로빈도의 동양은 어머니인 서양 없이는 불완전했고 그 안의 서구 또한 그녀 안의 동양 없이는 부분적일 수밖에 없었다. 한때 서구는 오로빈도를 친밀성·사랑·양육으로부터 격리했으나, 이제 그 서구의 한 부분이 돌아와서 오로빈도가 그러한 것들과 다시 만나도록 해주었다. 오로빈도는 '이 세상에는 단지 어머니의 힘만이 존재하며, 만약 그렇게 말할 수 있다면 그 어머니의 힘이야말로 스리 오로빈도의 힘이다'[58]라고, 또 '만약 스리 오로빈도에게 마음을 열었다 하더라도 어머니에게 마음을 열지 않는다면 그 사람은 오로빈도에게 진실로 마음을 연 것이 아니다'라고 선언했다.[59] 점차 서양 속의 동양에 몰입함으로써 자기 안의 동양을 발견하는 일이 초월적인 목표이자 실천적인 가능성이 됐다. 그리하여 완성의 마지막 단계는 완전한 굴복이 됐다. "신성한 어머니와 완벽하게 일체가 되어 더이상 스스로를 타자나 분리된 존재 혹은 도구나 하인, 일꾼이라고 느끼지 않고 진정으로 어머니의 자식이자 그 의식과 힘의 영원한 일부가 됐을 때"[60] 존재가 완성되는 것이다.

아마도 오로빈도는 친밀성과 양육의 결핍, 의미 없는 침묵과 공허, 그리고 서양이 그에게 야기한 내면 깊숙한 곳의 분리와 분열의 감정에 대한 방어벽을 찾은 듯했다.

5

영국 제국주의가 초래한 '내면의' 고통을 감지하지 못한 채 오로빈도의 인생을 이해하는 것은 불가능하다. 그가 느낀 고통은 상당 부분 가족의 테두리 내에서 발생한 것이었고, 그의 문화적 자아가 파괴된 방식 역시 마찬가지였다. 이러한 사실은 더욱더 오로빈도가 느낀 고통이 교육이자 양육이며 개인적 발전으로 통용되게끔 했다. 그것은 오로빈도가 대결하지 않으면 안 됐던 전일적인 씨스템이었다. 그러한 상황에서 반란은 가망 없어 보일 수밖에 없었고, 오로빈도가 신비주의에서 찾아낸 '이국적' 대안은 아마도 그에게 허용된 유일한 길이었을 것이다. 그럴 때 그의 과제는 신비주의를 인도적이며 정치적으로 비순응적인 형태로 유지하는 것이었다. 오로빈도는 여러 한계 속에서도 오랫동안 그 일을 해낼 수 있었다. (미라 리샤르의 탁월한 조직화 능력이 오로빈도의 정신주의와 결합하면서 정신주의적 언어는 현대적인 구원의 기술이 됐고, 오로빈도는 인도 최초의 근대적 구루로 탈바꿈했다. 오로빈도는 그런 거짓 외양을 한 채 현대의 구루들이 '자연법칙과의 동맹'에 대해서 떠드는 것처럼 '세계적 세력에 대한 개입'을 말했다. 그런 점에서 오로빈도는 서구에 패배했다.)

사태를 다른 방식으로 말할 수도 있다. 만약 오로빈도의 생애와 그의 정신주의가 고통의 진술이라면, 그것은 또한 관습적인 이성의 견지에서 볼 때 포기해야만 했던 가치를 보호하기 위한 대인관계로부터의 거리두기이기도 했다. 오로빈도는 예술에 관한 프로이트의 생각을 떠올리며 다음처럼 말했을 수도 있다. 오직 정신주의를 통해서만 사유의 무한한 힘, 따라서 피지배자의 정치적 힘과 도덕적 비전이 우리의 문명 안에 보존될 수 있으리라고 말이다. 그것은 인류는 하나이며, 인간은 유기적 세계에 포함된다는 생각을 지키기 위한 '비합리적이고' '정신 나간' 시도였다. 그러한 세계에서 시체를 사랑하는 전쟁기계들이 스딸

린그라드(Stalingrad)에서 러시아인들에게, 그리고 던커크(Dunkirk)에서 영국인들에게 행했던 만행은 벵골의 한 중년 요가 수행자의 개입을 불렀다. (그는 한때 영국의 식민통치에 대항하여 무장반란을 조직하려 했지만 이제는 그 식민통치를 옹호한다.) 모든 억압은 단일하며 각자는 자기 몫의 책임을 감당해야 한다.

오로빈도는 식민통치를 받던 인도 사회의 보다 광범위한 고통을 상징하는가? 새로운 언어로 말하려던 그의 시도를 식민주의가 야기한 고통에 대한 은밀한 자각을 표현하면서 동시에 그 인식을 보호하려 했던 인도 사회의 다른 시도들과 나란히 놓을 수 있는가? 이런 질문에 대한 최종적인 답변은 불가능하지만 몇가지 추측은 해볼 수 있다.

첫째, 인도 사회는 패배와 굴욕 및 착취와 폭력에 직면한 상태에서 자존심을 지키기 위해 희생자의 지위에 의해 규정된 자율성의 한 모델을 발전시켰다. 그것은 일군의 비유적 형식을 빌려 문화적 '부조리'와 도덕적 '모순'을 통해 말하는 고통의 이론이었다. 부조리함은 자신들의 가치에 적대적인 세계에서 그 가치를 지키려는 고통을 감추기 위한 과잉 도덕주의에서 비롯됐으며, 모순은 복종해야 할 권위가 전통적인 것과 외부에서 부과된 것으로 나뉜 상황에서 생존의 필요로 말미암아 그 분열된 세계에서 살아야 하는 희생자의 처지에서 비롯됐다. 그 분열된 세계는 몰래 시를 쓰면서 그 시를 산문적인 세계로부터 감추거나 자신의 지적 우월성을 내세우기 위해 지붕 위에 올라가 그 사실을 희극적으로 공표하는 은행직원의 세계에 비유될 수 있을 것이다. 어떤 사람들에게 시작(詩作)은 그저 시작일 뿐이고, 마찬가지로 광대짓 또한 광대짓일 뿐이기에 양자 모두 그렇게 보면 그만이었다. 그러나 어떤 이들에게 시작과 광대짓은 경직되고 남성적이며 시에 적대적인 세계에서 올바른 마음 상태를 재천명하는 비밀스러운 저항이었다.[61] 저항이 늘 자의식적일 필요는 없었다. 또한 저항은 일신교적인 종교들의, 그리고 점차 더욱 근대적이고 민족주의적인 방향으로 변모해나간 힌두교 분파들의 특기인, 열렬하다 못해 살인적이기까지 한 도덕적 열정에 의해 뒷받침될 필요도 없었다.[62]

키플링이나 나이폴 같은 이들에게 그러한 저항은 혼란을 조장하는 행위였다. 특히 그것은 폭력과 비폭력, 승자와 패자, 과거와 현재 그리고 물질적인 것과 비물질적인 것 간의 경계를 흐렸다. 자신의 승리가 불안한 승자나 자기억압이 철저하지 않아 불안한 궁정시인들은 상대적 차이를 절대화할 이유가 있다. 패배자와 (까뮈의 경고에 주의를 기울이며) 역사의 희생자에 대해 노래하는 시인은 그렇게 해야 할 이유가 별로 없었다. 그리하여 혼란을 조장하거나 악과 타협한 것으로 보이는 것이 억압자에 대한 더 진실한 이해를 담을 수도 있다. 억압자의 고통과 타락은 '역사'의 주체이자 동시에 객체여야 할 책임을 진 희생자에 의해 한번은 진지하게 고려되어야 하는 것이다.[63] 또한 인식적 구분의 실패인 것처럼 보이는 것이 실은 통속적인 근대의 대립항들이 언제나 진정한 대립관계로 맺어지지 않았다는 사실에 대한 인정일 수도 있었다. 금세기의 역사는 모든 조직적인 억압상황에서 진정한 대립항은 항상 배타적인 부분 대 포괄적인 전체 간에 성립한다는 것을 보여주었다. 즉 남성성 대 여성성이 아니라 그 어느 한쪽 대 양성성 간에, 과거 대 현재가 아니라 그 어느 한쪽 대 (과거가 현재이고 현재가 과거인) 초시간성 간에, 억압자 대 피억압자가 아니라 그들 양자 대 (그들 모두를 공동의 희생자로 만드는) 합리성 간에 대립관계가 존재하는 것이다.

오로빈도는 인도문화 편에서 이러한 사실을 자신만의 기이한 방식으로 표현하고자 했다. 영어라는 언어와 서구의 19세기 사회비판에 의해 대중화된 범주들 모두를 사소하게 만들기 위해서는, 인도라는 이름의 혼돈 속에서는 한 명제의 대립항이 그 반명제가 아니라는 사실을 말하면 될 것이다. 어떤 명제의 진짜 '적'은 종합명제[synthesis, 변증법적 종합]에 존재한다고 볼 수 있는데, 왜냐하면 종합명제는 그 명제를 포함함으로써 존재 이유를 없애버리기 때문이다. 예컨대 인도에서 살아 있는 종교로서 불교를 끝장낸 것은 브라만적 정통주의나 국가의 후원을 받은 반(反)불교 이데올로기가 아니라 명백하게 불교적 영향을 보여주는 샹카라(Śaṅkara)의 베단타 철학이었다.[64] 오로빈도는 서구에 대하여 바로 그런 대응방식을 발전시켜나가고자 했는데, 그의 시도는 성공하기도 했고 실패하기도 했다.

오직 장기적인 희생자의 처지만이 그러한 삶의 관점에 깊이를 부여할 수 있을 것인데, 그런 견해가 고대의 지혜나 전승된 우주론에 뿌리를 두고 있을 때조차도 그랬다. 과잉남성성, 성숙, 역사주의, 객관주의, 그리고 과잉정상성을 내세우는 문화의 희생자들만이 다음과 같은 방식으로 스스로를 보호한다. 즉 그들은 지배자의 정형에 동조하고 자신들이 강자와 공유하고 있는 자아의 측면을 과도하게 강조하는 한편, 마음 한구석으로는 자신들에 대한 승자의 생각과 도덕적으로든 문화적으로든 자신들이 식민지인보다 우월하다는 승자의 암묵적인 믿음을 터무니없다고 여기는 은밀한 저항심을 품고 있는 것이다.

나는 거의 의식하지 못하는 채로 간디에게 되돌아왔는데, 그는 영국의 식민통치에 길들여지지 않은 바로 그런 의식을 정치 영역에서 성공적으로 표현한 소수의 인사 중 한명이었다. 간디는 인도인의 위선에 관한 논쟁을 영국인의 자기회의가 기록된 텍스트로 변화시킨 바 있다. 간헐적으로 드러나는 강경한 도덕주의에도 불구하고, 간디는 승자도 패자도 없는 제국주의에 관한 이론이 자리 잡으면, 제국주의는 윤리적인 측면뿐만 아니라 인식적인 측면에서도 힘을 잃게 되리라는 것을 알고 있었다. 키플링 같은 이들에게 그러한 사실은 위협이었다. 그들은 식민주의를 어떤 문화의 우월성이나 다른 문화의 열등함에 관한 도덕적 진술로 보고자 했다. 같은 이유로 그들은 인도문화가 서구 문화보다 우월하다고 말하고자 하는 이들의 권리를 기꺼이 인정하고자 했다. 문화상대주의는 한 문화의 범주들이 정치적·경제적·기술적인 힘에 의해서 뒷받침되는 한 제국주의와 양립 못할 이유가 없었다.

간디는 두가지 차원에서 그 주장을 어그러지게 했다. 그는 식민주의가 도덕적인 문제라는 사실을 인정했고, 기독교적인 가치로 식민주의를 평가하고 그것을 절대악으로 선언하면서 키플링의 본거지에서 승리했다. 두번째로, 간디는 부분적으로 식민주의의 손익에 대한 그 나름의 '독특한' 인식과 계산에 근거해 근대성에 대한 비판을 개진했고, 영국이 윤리와 합리성 모두를 결여하고 있다고 결론 내렸다. 간디는 그렇게 모든 키플링들과 유사 키플링들의 내밀한 상처를 열어보임으로써 지배문화의 내적 정당성을 위협했다. 그들에게 통치는 역사라는 보다 고귀한 도덕의 이름으로 자신의 도덕적 자아를 감추는, 그래서 자신을 인간의 합리성을 구현한 존재로 보이게끔 하는 수단이었다. 한 순진한 프랑스 제국주의자는 아프리카와 관련해서 다음 같이 말한 바 있다.

> 나는 내 혈통에 긍지를 가져야 한다는 것을 알고 있다. 우월한 인간이 자신을 믿기를 멈추었을 때 그는 실상 우월한 인간이기를 멈추게 된다. (…) 우월한 인종이 스스로를 선택된 인종이라고 믿기를 멈추면 그 인종은 실상 선택된 인종이기를 멈추게 된다.[65]

간디는 이 불안정하고 연약한 선민의식의 인식적·도덕적인 틀 모두를 공격한 것이다.

이 점에서 간디는 식민주의를 도덕적 진술이라고 여기는, 여타의 반(反)키플링주의자들과는 달랐다. 그들에게도 최종적인 도덕성은 '역사'에 있었으며, 진보의 수단이라는 식민주의의 역사적인 역할로 인해 식민주의의 비도덕성 또한 완화됐다. (19세기에 활동한 인도의 사회적·종교적 개혁가들 다수와 최근까지도 우리 시대의 근대주의자들이 설명하듯) 보다 강건한 문화에 자극을 받아 촉발된 문화적 르네상스나 (공리주의자나 맑스 식으로) 성숙한 자유주의나 공산주의로 향하는 과정에 있는 근대 자본주의의 성장을 통해 근대적인 역사 관념은 암묵적으로 식민화 세력의 문화적 우월성, 혹은 최소한 그들이 보다 진보된 문화적 상태에 있다는 생각을 받아들이게 됐다.[66] 그리하여 그것은 키플링 같은 이들이 발전시킨 식민주의이론의 주요한 원리를 승인했다. 이에 대항해 간디는 가치와 사실을 분리하지 않으면서 식민주의가 식민지를 보다 값진 상태로 인도하는 비도덕적인 경로라는 생각을 거부하는 한층 자족적인 세계관을 재천명했다. 간디는 진정한 반대자에 대한 서구식 기준을 충족하는 대신 근대 서구를 선택 가능한 여러 삶의 양식 중 하나로 보는 비근대적인 인도적 관점을 긍정했다. (그런데 근대 서구는 과도한 힘과 세력 확산으로 말미암아 불행히도 서구와 인도 모두에게 암적인 존재가 되고 말았다.)

인도 전통 중에서 근대성에 대항한 가장 강력하면서도 기이한 적수는 서구에 대한 '급진적인' 비판이나 인도성에 대한 공세적인 긍정이 아니고 바로 이러한 의식이었다. 근대성은 근대 과학과 마찬가지로 지위가 약화되어 개종을 강요하지 않는 제한적인 사회적 역할로 축소되는 경우를 제외하고는 그 어떤 것과도 공존이 가능했다.

반면 위의 의식은 외부인이나 내부인 모두 인도를 정의하고 또 재정의하는 것을 허용하면서도, 비근대적 인도인이 인도인과 비인도인 양쪽이 인도에 관해 공통으로 가지고 있는 생각들을 증명하거나 부정하기 위해서 가치의 우선순위를 바꾸도록 강요하지는 않았다. 그 같은 의식의 면모는, 인도성을 규정하려는 몇몇 소수집단과 개인들의 계속된 시도와 그런 정의는 자기와 전혀 관련이 없다는 듯이 삶을 살아가는 대다수 인도인 간의 변증법적 관계를 통해 인도문화가 그 핵심 전통을 보호해온 방식이었다. 전통적으로 (인도성 자체의 주된 표현이자) 인도적인 창조성을 보여주는 주요 사례들은 스스로의 민족성이나 문화를 그리 의식하지 않는다는 인도적 의식 측면에서 나온 것이 사실이다. 그보다 덜 빈번하기는 했지만 그러한 사례들은 문화의 주변부에서, 즉 자신의 사적인 삶이나 자기표현을 통해 인도인의 자기정의와 (위에서 말한) 자의식 결여 상태 간의 문화적 긴장 비슷한 것을 포착할 수 있는 사람들에게서 나온 것 또한 사실이었다.[67]

최근에 마단(T. N. Madan)이 다시 상기시킨 것처럼 '힌두교도'라는 단어는 무슬림이 이슬람교로 개종하지 않은 모든 인도인을 묘사하기 위해서 처음으로 사용했다. 그리고 아주 최근에 이르러서야 힌두교도들은 자신들을 힌두교도로 묘사하기 시작했다.[68] 그러하기에 그 표현 자체가 모순을 내장하고 있다. 즉 스스로를 정의하고자 힌두교도라는 용어를 쓰면 힌두교도의 전통적인 자기정의에 위배되는 것이며, 너무 공세적으로 스스로의 힌두성을 주장하는 것은 자신의 힌두성을 부정하는 것과 거의 마찬가지다. (아마도 세기 전환기의 민족주의자이며 혁명가인 브라마반다브 우파디예이의 삶에 바탕하고 있는, 타고르의 소설 「고라」는 이러한 타협의 성격과 그 이면에 자리 잡고 있는 인도 중산층의 문화적·심리적 딜레마에 관한 권위 있는 자료로 남아 있다.[69]) 다행히도 대다수 힌두교도들은 그러한 자의식 없이 여러세기를 살아왔다. 19세기에 근대주의자였던 일군의 힌두교 개혁가들이 생각을 바꿀 때까지 그들은 확실히 힌두교에 대한 배타적인 개념을 필요로 하지 않았다. 그 개혁가들은 자신들이 보기에 여성적인 힌두교를 간접적으로 기독교화하고자 했는데, 그들의 이런 노력은 무력으로 통치하는 지배자들의 종교에 대한 대응이었다. 이 근대적인 힌두교도들은 적절하게도 당시의 힌두교를 셈족의 종교에 비해서 항구적으로 열등하다고 여기지는 않았고, 그저 한때 위대했던 힌두교가 지금은 몰락했을 뿐이며 자신들의 종교가 여전히 잠재력이 있다고 생각했다. 그래서 그들은 자신들의 종교를 근대화함으로써 개선하고자 애썼다. 그들은 힌두교도로서 공동체의식과 더불어 이 공동체의 역사의식을 추구했다.[70]

행이든 불행이든 주류 인도문화는 정치적 패배와 불안정에 대해 위에 언급한 방식과는 다르게 대처하는 법을 배웠다. 종교와 국가의 중첩에서 오는 공동체의식 또는 역사의식은 결코 인도적 자아의 중요 구성요소인 적이 없었다. 대체로 인도문화는, 근대 서구가 자신들의 생각을 대변하는 인도인을 통해 빈번히 이식하고자 했던 민족적인 자기의식을 거부했다. 대신 인도문화는 (개종시키려 애쓰고 헤게모니를 추구하며 세속·비세속적인 형태의 문화적 진보이론에 헌신하는 우주론에 대항하여) 인도인은 타협적이라는 생각을 내세워 스스로를 지켰다. 인도인의 자기정의는 유동적이며, 또한 그들은 어떤 지식이 이롭다면 다른 문명화된 형제 인간들의 방식을 기꺼이 배운다는 것이었다. 어떤 문화적 특질은 인종심리학적 범주로 활용될 수도 있지만, 동시에 그 문화를 보호하는 정형이 될 수도 있다. 그리하여 억압적인 체제에 갇힌 다른 문화에서처럼 인도인들 또한 (특히 그 댓가가 너무 클 때) 남성적인 저항이라는 지배적인 개념에 동조하며 저항하지 않았다.[71] 그러나 인도인들은 잠재적인 저항성을 보존하고, 타문화 사람들이 자신들에 대해 가지고 있는 표준적인 정형마저도 효과적인 위장막이나 생존수단으로 바꾸었다. 이렇듯 힌두 민족주의에 대한 대안은 고전적이며 민속적인 힌두교와, 힌두교도와 비힌두교도를 망라하는 대다수 인도인들이 살아가는 방식인 자기 의식을 결여한 힌두교 간의 특이한 혼합이었다. 그것은 키플링이 분개한 바로 그 경계성(liminality)이었다. 지난 2세기 동안 인도의 사회·정치적 지도자들

중에서 가장 위대한 부류는 바로 그 경계성에 기반해 인도인으로서의 자기정의를 구축해왔다.[72]

그에 대한 예증으로 간디의 정치 스타일에서 드러나는 민속적인 것과 정전(正傳)적인 것 간의 '희극적'이며 '부조리한' 혼합과, 효과적인 저항과 '최소한의 항의 표시' 간의 위선적인 결합만큼 맞춤한 것을 찾기는 어려울 것이다. 간디는 종종 찰리 채플린과 미키 마우스에 비교되곤 했는데, 이런 비유는 좀더 진지하게 추구해볼 만하다. 남아프리카의 수상이며, 간디의 가장 강력한 적수이자 동시에 그를 숭배하는 친구들 중의 한명이었던 스뮈츠(Jan H. Smuts, 1870~1950)는 간디가 남아프리카를 떠나자 분노하고 지친 목소리로 다음처럼 말함으로써 간디의 혼합(mix)에 담긴 위력을 무의식적으로 인정한 바 있다. '그 성자는 우리의 해안을 떠났다. 나는 진심으로 그가 영원히 떠난 것이길 바란다.' 다음은 리처드 라노이(Richard Lannoy)가 간디의 소금행진(Salt March)을 묘사한 것으로서, 이 글은 다수의 자료에서 발췌한 단편적인 정보로 이루어졌다. 나는 이 인용이 단순히 크샤트라테지뿐 아니라 브라마테지마저도 거부한 듯 보였던 한 인간과 그의 방식에 대해 스머츠와 그를 정신적으로 계승한 인도인들이 느낀 격분에 대한 단서를 제공하길 희망한다.

소금행진은 풍부하게 희비극적인 사건을 통해서 그 논점을 제시한다. (…)

간디는 아메다바드에 위치한 자신의 아슈람에서 241마일 가량 떨어진 단디(Dandi)해변까지 24일 동안 행진한다. 그곳에서 인도 농민에게 파괴적인 영향을 미친 영국의 소금법에 항의하고자 소금을 한줌 집어들기 위해서였다. 그런데 간디는 그렇게 소금법에 항의한 후 그 행동에서 **물러선다.** (…)

소금행진은 몇년간의 끈기 있는 준비 후에 이루어졌다. (…) 사티야그라하[satyagraha, '진실의 힘'이라는 뜻으로 악한 것과 부당한 것에 저항하는 비폭력운동] 참가자들은 완벽한 약함, (만약 그렇게 말할 수 있다면) **아무것도 하지 않는 것을 통해** 힘을 얻는 법을 배웠다. (…) 열대지방에서 소금은 필수 식량이지만 간디는 이미 지난 6년간 소금을 끊고 살았다. 그는 사전에 '존중하는 친구'인 인도 총독 어윈(Irwin)경에게 편지를 보내 법을 위반하려는 자신의 의도를 알렸다. (…)

허리만 가린 옷을 입은 채 각양각색의 노동자 78명과 소금을 한줌 집기 위해서 바닷가로 행진하는 간디의 모습은 1930년에도 시대착오적으로 보였지만, 그런 외양은 기만적인 것이었다. 그 행진은 인도와 세계의 시선을 잔인한 3월의 태양 아래 터벅터벅 걷는 61살의 허약한 노인에게 고정시킬 만큼 충분한 시간 동안 계속됐다. (…) "소금행진을 통해 그는 뉴스릴(newsreel)과 다큐멘터리의 세계에 완벽하게 진입했다. 그 이래로 우리는 깜빡거리는 흑백화면을 통해, 움직이는 간디의 선명한 모습을 자주 보게 되는데, 그의 모습은 기이하나 진실이 드러나는 어떤 순간 찰리 채플린을 닮았다"(애쉬Ashe) 간디가 행진하며 지나간 뒤에는 "390여개 촌락의 행정 책임자가 사임하면서 행정체계가 소리 없이 무너졌다". (애쉬)

"(…) 그리고 그를 둘러싼 친구들과 함께 걸어가는 간디가 있었다. 그것은 일종의 대단한 반(反)클라이맥스였다. 환호도, 기쁨의 함성도, 어떤 종류의 장엄한 행렬도 없었다. 그것은 차라리 어떤 의미에서 소극(笑劇)적이었다. (…) 그곳에서 나는 기이하게 반클라이맥스적인 방식으로 역사가 전개되는 것을 보았다. 그것은 완전히 비유럽적인 무언가였고, 그렇지만 아주, 아주 감동적이었다."(볼턴Bolton)

단디에 도착한 후 그들은 7일 동안 그곳에 머물며 매일 말린 곡식과 1/2온스의 지방, 그리고 2온스의 설탕을 먹었다. 4월 6일 간디는 새벽에 일어나서 바다에서 목욕을 한 후 소금을 쌓아둔 장소로 향했다. 대기 중인 사진사들 앞에서 그는 아주 소량의 소금을 집어 옆 사람에게

건넸다. 사로지니 나이두(Sarojini Naidu)가 "구원자에게 경배를"이라고 외쳤고, 그 말 후에 간디는 일을 하기 시작했다.

뉴스가 전세계로 타전됐고, 며칠 지나지 않아 인도 전역이 혼돈에 빠져들었다. 수백만명의 사람들이 인도 곳곳에서 소금을 준비했다. 대규모 시위가 카라치(Karachi)에서 마드라스(Madras)에 이르는 모든 대도시에서 열렸다. 얼굴을 가린 여성들도 거리 시위에 참가했다. 영국 정부는 마치 자동기계처럼 맹목적이고 일관성 없는 극단적인 폭력으로 대응했다. 군대와 경찰은 최면에 걸린 채 움직이는 듯했는데, 그들의 대응방식에서는 어떠한 의미도 찾을 수 없었다. 인도인들은 맞고 사타구니를 걷어차였으며, 악을 품은 순경들은 시위자들의 손가락을 깨물거나 발포하기도 했다. 시위대들은 기마대의 공격을 받아 말말굽 아래 쓰러지기도 했다. (…) 약 6만명에서 10만명에 이르는 비폭력 시위 참가자들이 감옥에 갇혔다. 벵골의 치타공(Chittagong)에서 벌어진 작은 사건을 제외하면 그 어떤 인도인도 폭력을 행사하지 않았다. 간디는 단디 부근의 천막에서 잠을 자던 중 한밤중에 체포되어 감옥으로 이송됐다. 8개월 후 감옥에서 석방된 간디는 간디-어윈 협정을 맺었다. 그 이후로 식민지 정부는 억압적인 조치들을 포기하고 정치범들을 석방했다. 네루가 눈물을 흘린 것이 (…) 바로 그때였다.

(…) 루이스 피셔(Louis Fischer)는 소금행진에 대한 글을 다음 같은 명쾌한 논평으로 끝맺었다. '인도는 이제 자유롭다. 기술적으로, 법적으로, 변한 것은 아무것도 없었다.'[73]

어떤 차원에서 라노이는 '가다 서다 하며 멈칫거리는' 인도의 창조적인 정치 스타일의 정신을 포착했다.

신화에서처럼 사티야그라하에게도 모든 것은 언제나 잘못되고 있다. 그러나 (…) 간디적인 사티야그라하는 계속되는 위기 속에서도 모든 난관을, 지머(Zimmer)가 '기적적인 전개'라고 묘사한 상황으로 바꾸는 데 특별히 익숙하다고 결론을 내릴 수밖에 없다. 지머는 푸라나의 신화 속에 등장하는 이 익숙한 '그럭저럭 헤쳐나가는' 능력이 적대 세력의 핵심적인 본질에 대한 통찰에서 나온다고 보았다. (…) 궁극적으로, 이는 (…) 고통을 받아들이는 자세에 근거한다. (…) 어떤 인도의 상황에서는 아마도 이 '수동성'이 정치적으로 보다 효과적일 것이다.[74]

나는 아마도 인도 경험에서 영향을 받은, 포스터의 『인도로 가는 길』(*A Passage to India*)에 나오는 한 영국 인물의 말로 논의를 정리하고자 한다. '실패에도 여러 종류가 있으며, 그중 어떤 것은 성공이다.'

나 자신을 포함한 여러 사회분석가들은 인도문화의 특질을 특정한 문화적 면모들의 독특성과 그 면모들의 배치에서 찾고자 했다. 그것은 그릇된 방향은 아니지만, 반쪽짜리 진실로 귀착되기도 한다. 그중 하나는 인도성의 관점에서 그어진 과거와 현재, 토착적인 것과 외래적인 것, 힌두교도와 비힌두교도 간의 명확한 경계선이다. 그러나 내가 앞서 제시했듯 공격적인 서구는 때로 인도 내부에 존재하며, 자칭 토착적이고 순전한 것도 대부분 외래의 범주이며, 자신을 힌두교도라고 밝히는 힌두교도는 결국 그렇게 힌두교적이지 않은 것이다. 아마도 인도문화의 독특함은 독특한 이데올로기가 아니라, 문화적인 모호함과 더불어 살면서 그 모호함을 이용해 문화적 침투에 저항하는 심리학적이고 심지어 형이상학적인 방어벽을 구축하는 인도전통의 힘에 있을 것이다. 아마도 인도문화 자체가 얼마간의 투과성(透過性)을 지닌 경계를 자기상 속에서 유지하도록, 또 인도의 자아를 너무 엄격하게 정의하거나 비자아와 기계적으로 분리하지 않도록 요구하는 듯하다. 이것이 내가 앞서 논의한 생존전략——인도의 탈식민주의적 세계관을 이해하는 단서 —의 다른 측면이다.

　나는 스페인 정복자들이 모두 주술사로 간주해 한곳에 불러모은 15세기 아스떽(Aztec) 사제들에 대해 이반 일리치(Ivan Illich)가 들려준 일화를 기억한다. 그들은 기독교식 예배에 참석하고 나서 만약 아스떽의 신들이 죽었다면 자신들 또한 차라리 죽음을 택하겠다고 말했다. 이 최후의 저항행위 후에 그 사제들은 자신들의 말대로 스페인 전사들에게 희생됐다. 나는 동일한 상황 아래 놓인 일단의 브라만 사제들이 어떻게 행동했을지 알 것 같다. 아마도 그들 모두는 기독교를 받아들일 것이고, 그들 중 몇몇은 함께 이방의 지배자와 그들의 신을 칭송하는 우아한 찬가(praśasti)를 지었을 것이다. 물론 그들이 하룻밤 사이에 훌륭한 기독교인이 됐다는 말은 아니다. 그들의 힌두교 신앙은 흔들리지 않았을 것이며, 그들이 믿는 기독교는 조금 지나면 위험할 정도로 힌두교의 한 형태로 보였을 공산이 매우 크다. 그러나 (선의를 가진 프로이트적 근대주의자라면 극단적인 자기애에서 비롯된 투사적인 외향성이라고 불렀을 심리적 성향의 형이상학적 대응물인[75]) 아파다르마(āpaddharma)의 원칙, 즉 위험한 상황하에서의 삶의 방식과 모든 존재는 하나라는 원칙에 따라 브라만들은 이방의 신들에게 머리를 숙이고 자신들의 문화와 과거를 공개적으로 부정하는 것이 완벽하게 정당하다고 느꼈을 것이다. 힌두교도들은 자신들의 문명을 보호해야 한다는 책임을 무겁게 여겼지만, 전통적으로 그 보호방식은 자기 의식을 강화하는 것이 아니라 정복자들의 열렬한 문명 전파 열의에 대한 신화적 이해를 확보함으로써 그것을 중화하는 (neutralize) 것이었다. 서구화처럼 보이는 것은 때때로 서구를 희극적이고 사소한 상태로 격하함으로써 그저 서구를 길들이는 하나의 수단일 뿐이었다. 힌두교의 푸라나 경전에서 반복적으로 제시되는 것처럼 맹목적이고 올곧은 용기는 개인의 경건함과 불멸성을 위해서는 괜찮지만 집단의 생존을 보장해주지는 않는다.[76] 또한 디오니소스적인 것은 내면화될 수 있고, 이어서 현자들에 의해 봉쇄될 수 있다는, 푸라나에 비해 보다 정전으로 여겨지는 경전이 설파하는 정서도 있었다. 디오니소스적인 것이 항상 싸워야 할 외부 세력일 필요는 없는 것이다.

Rastu sarvāṇi bhūtāni ātmanyevānupaśyati
Sarvabhūteṣu cātmānam tato na vijugupṣate[77]

그 자신 속에서 모든 존재를 보고
다른 모든 존재 속에서 그 자신을 보는 사람은,
이런 통찰로 인해 아무것도 혐오하지 않는다.

204

보다 일상적인 차원에서, 우리가 상상해본 브라만들은 자신들의 인격을 분열시킬 것이다. 그들에게 개종과 굴욕은 이미 다른 누군가에게 일어나는 일, 혹은 다른 누군가의 몸으로 간주되거나 그렇게 느껴지는 자아에게 벌어지는 일이다. 게다가 당사자는 그 자아로부터 이미 다소간 추출되어 소외된 상태다. 온전한 정신을 지키고 생존을 도모하기 위한 그러한 자아 분열은 주체를 객체로 만들고, 폭력과 굴욕의 경험을 자아의 '본질적 구성요소'로부터 분리시킨다.[78] 그것은 자아에게 당면한 상황을 부분적으로는 꿈같거나 비현실적으로 만드는 심신상태를 유도함으로써 생존하려는 시도다. 왜냐하면 "인간으로 살고 인간으로 머물기 위해서 생존자는 세상 속에 살더라도 그 일부가 되어서는 안 되기 때문이다".[79] (최종적으로 볼 때 이런 상태는 그 형이상학적 내용이 무엇이든 인도 정신주의의 서구에 대한 주요한 심리적 반응 중 하나였다. 실존의식이라고 불릴 만한 것, 즉 아트만〔ātman, 영혼과 같이 불변하는 '초월적 자아'를 뜻하는 말로 육체처럼 항시 변화하는 물질적 자아에 대비된다〕과 근대 정신분석학자들이 주되게 연구하는 속성 의식attribute consciousness을 구분하는 고대의 지혜를 이용하여, 대다수 인도 정신주의 분파들은 통제되는 내면 분열에 의미를 부여한다. 그 분열은 정신건강을 위협하기보다는 기이하게 강인한 현실주의 형성에 기여한다. 전혀 다른 맥락에서 사용된 아난다 쿠마라스와미의 용어를 빌려 쓴다면, 그것은 운명을 지배하고 필연을 초월하며 "모든 사물과 모든 시간에 대한 관객이 되도록" 도와준다.[80] 이 모든 것을 고려할 때, 이른바 느슨한 현실 파악, 허약한 자아, 정치적 권위에 대한 손쉬운 전이(轉移), 사회 상황에서의 모호한 존재감 등의 인도적인 것으로 간주되는 특성들은—설사 그것들이 전통적인 양육법에 깊이 뿌리 내리고 있다 할지라도—여러세대에 걸쳐 생존의 문제와 씨름한 문화의 불가피한 삶의 논리다. 그 논리를 다른 시간대의 다른 희생자의 경험과 함께 고려해보면, 인도인의 이 '성격장애'는 인간이 야기한 고통에 대한 발달된 경계심 혹은 그에 대한 예민해진 본능이나 신속한 반응의 또다른 형태일 수도 있다.[81] 그 성격장애는 키플링의 제국에 대한 뻔뻔한 옹호를 관통하는 '권위에 대한 근본적인 복종'에서 기인하는 것이 아니라, 삶에 대한 어떤 신뢰나 재능에서 나온 것이다.[82] 영국에서 보낸 억압적인 유년기 경험에 대한 키플링의 묘사에서 한가지 생생한 이미지를 빌려 말한다면, 어떤 사람들은 오랜 기간 쫓기는 동물처럼 살아오면서 사냥꾼의 올가미를 피하기 위해서 항시 모든 감각을 경계 상태로 유지해야 하는 운명인 것이다.[83]

근대 서구와 비서구 세계가 만난 이래 아스텍 사제들 같은 대응은 서구화된 세계에서 용기와 문화적 긍지의 모범으로 보인 반면, 우리가 상상한 브라만 사제의 대응은 위선적이고 비겁한 것으로 여겨졌다. 그러나 왜 인도 사회에 대한 그 모든 제국주의 측의 관측자들이 인도의 용맹한 종족을 사랑한 반면 승자와 기꺼이 화해하려고 한 여타 '여성적인' 인도인들을 미워하고 두려워했는가라는 질문이 남는다. 후자의 무엇이 그같이 강렬한 반감을 불러일으켰는가? 만약 그들이 정말 하찮았다면 왜 그들은 인도의 정복자들에게 그렇게나 문젯거리가 됐는가? 왜 그들은 별수고를 들이지도 않으면서 자신들을 통치하는 자들의 반대항이 됐는가? 왜 그토록 많은 근대적 인도인들이 이런 제국주의자들의 평가를 공유하는가? 왜 그들은 투쟁 끝에 패배한 이들은 자랑스러워하면서, 패배했지만 계속 싸워나간 사람들에게는 그런 감정을 느끼지 않는가?

어떤 차원에서 해답은 간단하다. 아스펙 사제들은 용감한 최후의 행동 후에 죽었고, 그리하여 자신들을 죽인 후에는 칭송을 보낼 자들을 위해 무대를 깨끗하게 비워주었다. 반면 비영웅적인 인도인의 대응은, 적당한 때가 되면 자신들의 존재를 주장할 '비겁하고' '타협적인' 존재들이 항시 무대의 일부를 차지하도록 했다. 게다가 아스펙 사제들의 행태는 식민주의의 보병으로 봉사해야 했던 식민지 사회의 하층계급에게 훌륭한 선례를 남기고, 하층계급의 세계관을 승인해준다는 추가적인 이점도 있었다. 그러므로 아스텍 사제들의 단순한 용기는 식민주의자들의 이해에 부합하는 것이었다.

그러나 같은 질문에 다른 식으로 답할 수도 있다. 평균적인 인도인은 언제나 장기적인 고통에 시달릴 수 있다는 가능성을 염두에 두고 살며, 스스로가 박해받는 약자 특유의 수동적이면서 '여성적인' 교활함을 발휘하여 자신의 가장 깊은 믿음을 지키는 동시에 자율성과 자존심을 지나치게 내세우지 않음으로써 외부의 압력을 견디며 생존해왔다고 생각했다. 최선의 영웅적인 모습일 때 그들은 라노이가 말한 '완벽한 약함'에서 사티아그라하라는 부분적으로는 강제력을 발휘하는 무기를 벼려낸 사티아그라히(Sa-tyagrahi, 사티아그라하에 참여한 사람)였다. 비영웅적인 평범한 모습일 때 그들은 원형적인 생존자였다. 그들은 온갖 종류의 타협을 하는 것처럼 보였지만, 식민주의자들에게 심리적으로 압도되거나 흡수되지는 않았다. 그들의 대응은 패배가 재앙이라면 승자가 강요한 방식 또한 마찬가지라고 말하는 듯했다. 그러나 더 나쁜 쪽은 '영혼'을 상실하고 승자를 내면화하는 것이었다. 왜냐하면 그렇게 되면 승자의 가치에 따라 그들의 저항 모델 속에서 그들과 싸우게 되기 때문이다. 강력하고 진지하지만 용인되는 적수보다는 희극적인 반대자가 되는 편이 낫고,[84] 계속해서 체제에 '주된 적응'을 하는 적수다운 적수보다는 그 어떤 측면에서도 존

중받기 어렵다고 선언됐지만 미움받는 적이 되는 편이 나은 것이다.[85]

침해할 수 없는 인도성의 핵심은, 진정으로 살기 위해서는 자기만의 자아 속에서 살기 위해 때때로 다른 사람의 눈에는 죽은 것처럼 보이는 편이 낫다고 확언하는 것처럼 보인다. 자아를 받아들이기 위해서는, 폭력적이고 문화적으로 황폐하며 정치적으로 파산한 오늘날의 세계가 언젠가는 돌아가게 될 '약함'을 신뢰하는 것을 배워야만 한다.

6

국가의 해방은 필연적으로 문화적 행위다.

— 아밀까르 까브랄(Amilcar Cabral)[86]

동물의 왕국을 지배하는 규칙은 먹느냐 혹은 먹히느냐다. 인간의 세계를 지배하는 규칙은 정의하느냐 정의되느냐다.

— 토머스 싸스(Thomas Szasz)[87]

앞선 논의를 채 마무리되지도 않고 끝난 구식의 이야기로 받아들인 독자라면 이 후기를 그 이야기의 교훈으로 받아들이면 되겠다.

　나는 식민지 시대와 그 이후에 동양과 서양에 관한 대부분의 담론을 형성해온 4군의 대립항, 즉 보편적인 것 대 지역적인 것, 물질적(혹은 현실적)인 것 대 정신적(혹은 비현실적)인 것, 성취(또는 수행)하는 것 대 성취(또는 수행)하지 않는 것, 그리고 온건한 것 대 온건하지 않은 것 간의 대립관계를 검토했다.[88] 또한 나는 이 네 대립항을 가로지르는 다섯번째 대립항, 즉 자의식적이며 잘 규정된 인도성 대 유동적이며 개방적인 인도의 자기정의에 대해서도 다루었다. 나는 만약 핵심 사안이 문명에 대한 학문적 이해가 아니라 억압 혹은 그에 대한 저항을 이해하는 것이라면, 어떤 차원에서 각 대립항의 양극단이 서로 만난다는 것을 보여주고자 했다. 더불어 나는 지역적인 것, 정신적인 것, 성취하지 않는 것, 온건하지 않은 것이 때때로 보편적인 것, 현실적인 것, 효율적인 것, 온건한 것의 더 나은 판본으로 드러날 수도 있다는 것을 보여주고자 했다.

　그러나 나는 그런 논의 중에 어디에서도 비합리적인 것, 신화적인 것, 그리고 성취를 부정하는 것에 대한 신낭만주의적인 이데올로기를 주장하며 그저 표준적이고 정형적인 이데올로기를 뒤집으려 하지는 않았다. 또한 나는 모든 것을 알고 있는 보통 사람이라는 인민주의적 이미지에 정당성을 부여하려고도 하지 않았다. 이 책에서 내 관심은 영웅적인 것보다는 비영웅적인 것, 철학적인 것보다 경험적인 것에 놓여 있었다. 내 논점은 심리적·문화적 생존이 걸려 있을 때 이 책에서 논의한 것과 같은 대립항들이 와해되고 다소간 부적절해지며, 고통이라는 경험의 직접성과 그것에 대한 자생적인 저항이 그 대립항들의 모든 차원으로 스며든다는 것이다. 그렇게 되면 체제의 희생자에게는 그 체제의 분석적 범주를 초월하거나 (동시에) 그 범주를 뒤집는 보다 넓은 전체에 대한 흐릿한 인식이 나타나게 된다. 그리하여 그 희생자는 억압 속에서는 지역적인 것이 관습적인 보편주의보다 더욱 성공적으로 어떤 형태의 보편주의를 보호할 수도 있으며, 약자의 정신주의는 정신적 비전이 없는 세계에 사는 이들의 극단적인 물질주의보다 비억압적인 세계의 가치를 더 잘 표현하거나 보존할 수도 있다는 것을, 그리고 성취하지 않고 온건하지도 않은 자들이 자주 자신들의 온건함을 저당 잡히지 않은 채 자율성과 자유라는 문명적 목표를 달성할 가능성이 클 수도 있다는 것을 깨달을지도 모른다. 나는 이러한 역설이 불가피하다고 생각하는데, 왜냐하면 합리성에 대한 지배적인 관념이야말로 제도적 억압을 성공적으로 수행하는 사회구조로 흡수되는 첫번째 의식의 가닥이기 때문이다. 그러한 흡수가 일어난다면 생존하고 저항하기 위해 더 큰 전체에 대한 접근이 필요해진다. 관습적인 이성과 일상의 정치라는 관점에서 그 과정이 아무리 자멸적으로 보이더라도 말이다. 나는 이런 주장이 윤리가 없는 지식은 윤리적으로 나쁜 것이라기보다 열등한 지식이라는 옛 지혜─일부 문화에서는 일상의 격언인─를 달리 말한 것이라고 생각한다.

『친밀한 적』 출간 25년을 맞이하여
: 일종의 후기

저자들이 자신이 쓴 책에 대해 이야기하는 것을 신뢰해서는 안 된다. 그들은 하나같이 회고적인 관점에서 자신들의 저작에 더 깔끔하고, 지적으로 보다 만족스러운 구조를 덧입히기 마련이다. 이 책의 경우 나는 지난 25년 동안 그렇게 했다. 또한 부분적으로 책은 스스로를 써나간다는 것과, 저자는 그런 경험을 겪으면서 변화하며 때로는 크게 흔들리기도 한다는 것을 잊지 말아야 한다. 이런 일을 겪지 않은 저자들이란 대개 학위논문이나 교과서를 쓰는 데서 그친 이들이다. 학위논문과 교과서에 반대하려는 마음은 전혀 없지만, 모든 독자가 그런 형식의 글쓰기와 이 책 같은 글쓰기 간의 차이를 알아야 한다고 믿는다. 이 후기는 내가 이 책을 통해 어떻게 변화했고, 또 어떻게 변화하지 않았는지에 대한 나의 읽기다. 나의 읽기가 독자 여러 분의 읽기일 필요는 없을 것이다.

『친밀한 적』을 썼을 때 나는 여전히 사회학자 출신의 임상심리학자였고, 이제 막 한 심리치료기관에서 임상 과정을 끝낸 참이었다. 사실 이 책 제1장의 초기 원고는 정신의학 분야의 저명한 학술지에, 제2장 원고는 당시에는 아직 저명하지 않았던 비판적 성향의 잡지에 실렸다. 그 글에 주목한 사람은 많지 않았고, 열광적인 반응을 보인 사람은 그보다도 적었다. 두편의 글이 함께 책으로 묶여 출판됐을 때 어떤 이들은 굉장히 좋아했지만, 몇몇 독자들은 이 책을 증오하기도 했다. 확실히 이 책은 인도를 떠들썩하게 만들지는 못했다. 초판 양장본이 다 팔리는 데는 5년이 걸렸고, 이어서 문고본으로 출간됐다. 그런데 그 다음부터 이 책은 내가 완전히 파악할 수 없는 여러 이유로 말미암아 적어도 1년에 한번은 증쇄를 했다. 번역본이나 다른 책들에 수록된 경우를 제외하고도 말이다. 그렇게 이 책이 받아들여졌다는 것은 여전히 나를 놀라게 하는데, 아마도 그 사실은 지성계의 분위기와 관심사가 바뀐 것과 관련이 있을 것이다. 내가 이 책을 썼을 때 인도에서는 아직 인디라 간디(Indira Gandhi)가 실험했던 통제된 민주주의에 대한 기억이 남아 있었고, 인도인은 비웃음을 샀던 그 다음 정권의 실패 또한 견뎌야 했다. 그래서 인도 시민들을 좀

더 존중하는 동시에 국가 영역 밖의 새로운 정치적 주도권을 인정하는 새로운 개념과 범주에 대한 모색이 막 추진력을 얻던 참이었다.

나는 이 책을 쓰면서 놀랍게도 남아시아에는 지배자와 피지배자의 내적인 삶에 대해 씨름하는, 진지한 식민주의 연구가 없다는 사실을 알게 됐다. 즉 무덥고 먼지 이는 열대의 식민지와 습하고 추우며 자주 음산하기까지 한 환경의 본국에서 개인이자 문화의 일부로서 그들에게 무슨 일이 일어났는지를 묻는 연구가 없었던 것이다. 백인의 부담이 여러 사람에게 다른 방식으로 영향을 미쳤으며 분리와 고립, 순수와 오염, 경외와 분노 간의 기이한 조합이 접촉지대(contact zone)에 살았던 사람들을 특징지웠다는 것을 말해주는 단서들이 내 주위에 널려 있었다. 그 조합의 양상은 재미 삼아 떠드는, 호기심을 불러일으키는 얘깃거리였으나, 아무도 그 단서를 추적해서 식민주의가 야기한 곤경의 전체적인 윤곽을 그리지는 않았다. 식민주의는 주되게는 제도적 구성물이며, 중요한 문제는 식민주의의 정치경제라고 합의하는 분위기였다. 이 주제에 대해서는 레닌의 저작이 권위를 인정받았고, 뜨로쯔끼의 저작은 그보다 약간 낮은 평가를 받았다. 인도인들은 다다바이 나오로지(Dadabhai Naoroji)와 더트(R. C. Dutt)도 읽었지만, 식민주의에 대한 두 사람의 정식화는 자주 민족주의적인 자기

탐닉으로 여겨졌다.

식민주의를 삶의 한 방식으로 파악한 학자는 거의 없었다. 식민주의가 야기한 삶의 왜곡과 식민주의가 구축한 기이하고 밀교적인(esoteric) 경계선에 주목한 이는 그보다도 드물었다. 내가 어렸을 때 주변의 모든 사람들은 인도 동부 란치(Ranchi)에 위치한, 남아시아에서 가장 유명한 현대적 정신병원을 알고 있었다. 어머니의 먼 사촌이 그곳에서 치료를 받으며 오랫동안 입원해 있었는데, 어머니가 종종 슬픈 어조로 우리에게 말하기를 그 친척분에게는 뚜렷한 차도가 없었다고 했다. 또한 우리는 그 병원의 유럽인 병동에 환자가 넘쳐났고, 환자 간에 위계가 존재했으며, 백인 정신병자들이 격리됐다는 얘기도 들었다. 그러나 누구도 정신병이 전염되는지, 인도인 정신병자가 유럽인 정신병자보다 더 위험하다고 보아야 하는지에 대해 의문을 품지 않았다. 아무도 그 병원의 운영방식이 모욕적이라고 말하지도 않았는데, 지금 짐작건대 그것은 캘커타와 봄베이에 소재한 영국 클럽의 더욱 배타적이었던 관행의 연장선상에서 이해됐을 것이다. 나는 영국인과 인도인을 망라해서 내가 읽었거나 알고 있었던 가장 뛰어난 심리학자나 정신분석학자 혹은 정신과 의사들의 연구에서 이런 사실이 언급되는 것을 단 한차례도 보지 못했다. 식민주의와 연관된 주체성은 (그런 글의 특성상 의례히) 단지 전기, 회

216

고록, 문학과 미술 작품, 공적 기억의 장에서만 탐구될 뿐이었다. 나는 심리적인 것에 그토록 깊은 관심을 보이는 사회에서 왜 이 주제를 다루는 사람이 없는지 의아해 할 수밖에 없었다.

다행히도 나는 (모두 아프리카와 관련되기는 했지만) 여섯명의 민감하고 명민한 지식인을 만났다. 프란츠 파농과 옥따브 마노니는 정신과 의사이고, 아이메 쎄자르, 알베르 메미, 아밀까르 까브랄, 레오뽈 상고르(Léopold Senghor) 네 사람은 작가이자 사상가였다. 아마도 싸르트르를 통해 작은 규모의 인도인 집단에 접근했던 파농을 제외하면, 이들 중 누구도 영국식의 공세적인 실증주의적 문화에 기반한 인도 학계에 의해 진지하게 고려되지 않았다. 그러나 그들과의 만남은 내게 신선한 공기를 쐬는 경험과도 같았으니, 그들이 쓴 글은 인도의 식민주의에 대한 다른 모든 글처럼 반투심적(anti-intraceptive)이지 않았기 때문이었다. (그 즈음에 나는 심리학자인 헨리 머레이Henry Murray의 저작들에서 반투심성이라는 개념을 접하게 됐고, 그것이 동시대 지식산업에서 단명했던 것과는 달리 보다 장수할 값어치가 있는 개념이라고 생각했다. 그러나 이런 사정은 지금 논의에서 벗어난 이야기다.)

프랑스어를 사용하는 이 여섯명의 지식인은 식민주의가 제도와 더불어, 사람들과 정신상태에 의해 추동되고 구축된다는 점을 인식했다. 그제야 나는 마음 속의 그들과 토론하면서 내 생각과 해석을 가다듬기 시작했다. 어떤 측면에서 『친밀한 적』은 그들과 나눈 대화로 읽을 수 있을 것이다. 나는 자주 그들과 생각을 달리 했지만, 그럴 때에도 애정과 얼마간은 감사의 마음을 담아 그렇게 했다.

나는 여전히 프랑스어를 사용하고 아프리카 혈통을 공유하는 지식인들이 왜 그렇게 많이, 또 어떻게 식민주의가 개인이자 그 문화의 일부인 그들을 변화시킨 방식을 들여다보고자 식민주의적 교육의 좌표를 벗어날 수 있었는지 알지 못한다. 반면 아시아에서 가장 오래된 두 문명의 지식판매상들은 식민주의자들과 식민지인들에게 내면의 삶이 존재했으며, 그들은 서로 간에 충동하는 여러 다른 문화적 자아들을 가졌다는 사실을 부정했다. (식민주의와 대면했던 중국 역시 식민주의에 대해 심리적으로 예민한 이해를 거의 내놓지 못했다.) 그러나 나는 이 여섯명의 지식인이 모두 식민주의적 권력, 즉 계몽의 가치에 대한 종교적 신념과 이성과 데까르뜨적 명확성에 대한 광적 헌신이 특징인 권력에 맞섰다는 것은 알 수 있었다. 그들 여섯명은 정도의 차이는 있었지만 모두 그 믿음에 오염되어 있었기에 자기 안의 그런 요소들과 싸워야만 했다.

아프리카도 그들에게 상당한 영향을 미쳤다. 나는 때때로 아프리카인들은 반은 야만인이고 반은 어린이였다는 쎄실 로즈의 말이 옳았다는 생각이 든다. 그들은 말하자면 큰 돈을 들여 교육받은 인도인이 흠모하는, '성숙한' 학문과 온건하고 정상적이며 성인다운 종류의 비판에 별로 신경 쓰지 않는 것처럼 보인다. 영국의 급진적 경제학자인 조운 로빈슨(Joan Robinson)은 다음의 유명한 문장으로 아프리카인과 구분되는 인도인의 이런 태도를 유려하게 포착한 바 있다. "식민화되는 것보다 더 나쁜 단 한가지는 식민화되지 않은 것이다." 물론 이 문장은 무역사적인 아프리카와 아시아에서 식민주의가 담당한 폭력적이지만 진보적이고 사회진화론적인 역할에 대한 카를 맑스의 잘 알려진 정식을 확장한 것이다. 『친밀한 적』을 쓰면서 나는 내가 유아적이고 야만적인 무리에 합류했음을 알게 됐다.

　『친밀한 적』이 출간된 후 지난 25년 동안 식민주의는 대부분 범주들의 게임이고 지식의 정치라는 사실이 분명해졌다. 그 게임과 정치가 사라지지 않는 한 식민주의 역시 이런저런 모습으로 계속 살아남을 것이란 사실 또한 분명해졌다. 그 게임의 첫번째 계책은 역사를 이용하여 19세기 진보이론을 위한 통일된 경기장이 되도록 과거를 평평하게 만들고, 자신들의 과거를 개방적으로 유지하며 자아의 요소로도 기능하는, 신화창조적인(mythopoetic) 이야기를 역사화하는데 저항하는 공동체를 배제하는 것이다. 또한 그런 공동체 중 상당수는 바람직한 사회에 대한 자신들의 비전과 유토피아적 상상력의 기원을 과거에 둔다. 그리하여 그들은 이중의 위험에 빠지게 된다. 그들의 자기정의는 쉽사리 역사의 쓰레기통에 처박히게 되며, 그들은 역사 속에서 사는 사람들에게 아무것도 제공할 수 없는 처지가 될 뿐만 아니라 자신들보다 나이가 많거나 지위가 높은 사람들이 제시한 미래를 받아들여야만 하는 것이다. 동시에 남반구에 사는 누군가가 과거를 문화적 자원과 지식 전통의 저장소로 옹호하려 한다면, 그런 주장은 문화적 민족주의이자 낭만주의적인 헛소리로 치부될 뿐이다. 상식을 내세우는 전지구적 문화에서 유일하게 정당한 과거는 그리스의 과거뿐이다. 아시아와 아프리카의 근대적 엘리트들은 전부 그 유일하게 유리한 지점에 빼곡하게 모인 채 다른 미래를 그려야 했는데, 그들은 대개 유럽의 선조들에 대한 뿌리 깊은 선망에 시달려야 했다. 그들은 자신들의 조상이 그리스인이 아니라는 사실을 한탄할 수밖에 없었고, 자신들의 과거로 돌아갈 때 끔직한 죄의식과 당혹감을 느껴야만 했다.

두번째 계책은 정치적 반대를 주의 깊게 감시하고 관리하는 것이다. 순응성은 그럴 필요가 없지만 정치적 반대는 반드시 관리해야만 한다. 어떤 헤게모니에서든, 순응이 아니라 반대가 제도적 정당성의 한계와 그 최종 형태를 규정한다. 식민주의적인 문화는 온건한 정신, 합리성, 성인다움

및 건강에 대한 자신들의 정의가 확실하게 확산되게끔 전체 교육제도와 사회화 과정을 다시 설계하는데, 그리하여 제멋대로의 거친 반대는 자동적으로 유치하고 비합리적이고 퇴행적이라는 낙인을 달게 된다. 권위에 대한 투쟁을 벌일 때에도, 식민지인들은 그 권위가 승인한 관습을 따르도록 배우게 된다. 그래서 반란은 점차 전지구적인 지식의 성채에서 생산된 텍스트에 의거한, 올바른 급진적 실천의 방식을 배우고 훈련받는 문제가 되어간다. 따라야만 하는 그런 텍스트에 도전하는 지역적 범주는, 근대에 이르러 더 이상 유효하지 않기에 폐기할 수 있는 것으로 제시되는 원형적(atavistic) 과거의 흔적이라는 이미 정해진 역할을 부여받을 뿐이다.

노골적인 약탈과 포교가 결합된 스페인과 뽀르뚜갈식 식민주의와 대립되는, 영국과 프랑스가 널리 보급한 근대적 식민주의가 누린 성공의 핵심에는 사회진화와 역사의 발전 단계에 관한 새로운 이론이 자리 잡고 있었다. 그 이론에 따르면 식민주의는 식민지를 운영하는 사회가 박애주의적인 문명화의 사명을 수행하면서 짊어져야 했던 고통스러운 짐이었다. 한편 식민지인들은 자신들에게 근대성과 자유주의의 아름다움을 소개할 수 있도록 식민 제국을 건설한 지배자들에게 감사하리라고 기대됐다. 그 이론이 얼마나 큰 성공을 거두었는지는 다음의 역사적 사실을 통해 가늠해볼 수 있다. 2차대전 기간 중에 연합군이 잠시 인도를 기지로 사용했을 때를 제외하면, 식민주의가 절정이었던 때에 3억 5천만명의 인구를 자랑하는 인도에서 백인의 숫자는 5만명을 넘긴 적이 없었다. 인도인은 영국을 대신해 스스로를 통치했던 것이다. 이 막대한 규모의 도제 훈련 프로그램은 다음과 같은 믿음을 공리(公理, axiom)로 삼았다. 오늘의 아시아와 아프리카는 서구의 어제였고, 서구의 오늘은 아시아와 아프리카의 내일이 되리라는 것이다.

이런 믿음은 식민주의가 종식된 이후에도 식민주의의 생존을 보장했다. 사회 전체가 자신들의 미래를 과거 자신들을 지배했던 자들의 현재 상태에 의거해 개조했다. 그것은 일종의 미래에 대한 절도행위였다. 오스카 와일드가 가르쳐주었듯이, 훌륭한 영국인은 죽을 때 빠리로 가는 법이다. 좋은 교육을 받은 근대적인 인도인과 중국인 또한 충분히 훌륭할 경우 죽을 때 런던이나 뉴욕에 갈 것이다. 식민주의는 그들에게 좋은 사회에 대한 새로운 비전뿐 아니라 발전을 둘러싼 치열한 생존경쟁에 참여할 수단도 제공했다.

서구는 아마도 단일체(monolith)는 아니겠지만, 그렇다고 근거 없는 헛소문도 아니다. 이 책에서 서구는 세계의 여타 지역에서 좋은 사회에 대한 잔존하는 비전들과 끊임없이 대화하는, 비유적 지위를 지닌 하나의 비유(trope)다.

222

그러므로 서구에 도전하는 서구는 서구 밖의 서구만큼 중요하다. 『친밀한 적』에 그림자를 드리우고 있는 모한다스 카람찬드 간디와 지그문트 프로이트 두 사람 중에서, 간디의 경우 자신이 최소 세명의 서구인, 즉 레오 똘스또이·헨리 소로우·존 러스킨을 구루로 여긴다고 공개적으로 밝혔다. 이들은 각각 러시아인·미국인·영국인이다. 이제 거의 완전하게 잊힌, 스리랑카의 명석한 간디주의자 마하데반은 간디가 더 많은 인도의 사상가들을 알았더라면 서구의 구루들에게 덜 의존했을 것이라고 주장한 바 있다. 나는 그 생각에 동의하지 않는다. 간디의 태도는 단지 윤리적인 것이 아니라 정치적인 성격을 띠고 있었다. 간디는 서구에 반대하는 서구를 자신의 기획에 포함해야만 했었다. 그에게 (서구의 희생자를 포함하는) 모든 희생자는 나눌 수 없는 존재였고, 승자가 처벌받지 않는 것은 그저 허구적인 생각일 뿐이었다. 계몽주의의 탕자인 프로이트도 인생의 후반기에 이르러 독일적이기보다는 동유럽적이고 유대적인 유산을 자기 자아의 중심축으로 인정하게 됐다. 나는 프로이트가 자기 자신이 된다는 것은 자신의 자아 안에 타자의 타자성을 모시는 것을 뜻한다는 것을 인식하게 됐다고 믿고 싶다.

이 책은 시간과 공간 간의, 그리고 자아와 비자아 그리고 반자아 간의 유희를 통해 식민주의적인 것, 비식민주의적인 것, 탈식민주의적인 것이 ― 역사적인 것, 비역사적인 것, 반역사적인 것과 더불어 ― 서로 만날 수 있다는 사실을 인정한다. 국외자는 철저히 국외자로만 머물지 않으며, 과거는 과거에 그치기를 단호하게 거부한다. 억압자와 피억압자도 이 책의 이야기에서는 서로 떼어낼 수 없는 한 쌍을 이룬다. 나는 이 책을 쓰기 시작할 때 이미 이런 대립 관계를 해소하려는 마음이 전혀 없었다. 나는 이런 사유들이 내 주변에 떠돌고 있었다고 생각한다. 나는 그저 그런 사유들을 내 안으로 모시는 법을, 그리고 내 안의 타자성을 인정하고 그것과 더불어 사는 법을 배웠을 뿐이었다.

『친밀한 적』에서 시간은 그 자체가 대결의 장으로서, 역사가 발전과 지구화라는 관념을 통해 새로운 목적(telos)의 지위를 얻고 선형의 비가역적인 과정이 되면서 다원성 일반, 특히 과거의 개방성이 위협받게 되는 양상을 보여준다. 대다수 남반구 국가들, 특히 국민국가라는 19세기적인 관념의 마지막 두 보루인 중국과 인도는 이제 과거 자신들의 종속과 굴욕의 역사와 동일시되는 자아의 파편들을 버리고자 하는 마음이 크다. 이들 두 국가는 한때 자신을 지배했고 굴욕을 안겼던 사회를 모델로 삼아 역사의 치열한 생존경쟁(rat race)에 합류했다. 그들은 그렇게 또다른 일본이 되길 바란다. 그 결과 이제 한 문화에 대한 위협은 외부가 아니라 내부에서 오는데, 과거 식민지였던 국가의 중산층은 세계화됐고 그 규모 또한 상당히 커진 데다가 그들은 발전이 참여민주주의보다 우선시되어야 한다고 확신한다. 만약 스노우(S. P. Snow)처럼 내가 나만의 상투적 문구에 대한 사용 권리를 주장할 수 있다면 다음과 같이 말할 수 있을 것이다. 남반구의 사람들은 더이상 빈곤에서 비롯되는 질병인 콜레라, 장티푸스, 이질 같은 병으로 죽기를 바라지 않고, 대신 암과 심혈관 질병, 그리고 그밖의 과잉소비에서 비롯되는 병으로 죽기를 원한다.

그러나 모든 점을 고려했을 때 식민주의적 경험은 인도처럼 아주 복잡하고 다채로운 문명에서는 최후의 결정적인 영향이 될 수 없다. 인도를 분명히 규명되는 단일한 민족문화를 가진 국민국가로서 재개념화하는 것은 결코 불가능하다. 대부분의 인도인은 여전히 도시 중산층에 속하지 않으며, 그들은 그 나름의 실재하거나 상상되는 과거들과 미래에 대한 고유한 관점을 가진 수천의 문화권과 공동체의 유산으로 직조된 태피스트리(tapestry) 같은 존재가 되는 것을 받아들인다. (나는 '받아들인다' 대신 거의 '자랑으로 여긴다'라고 쓸 뻔했다.) 그 같은 다양성을 쉽게 지워버리는 것은 가능하지 않다. 또한 인도의 민주주의는 그 모든 결점에도 불구하고, 인도가 가장 야심차고 권위적인 기획을 통해 수천종의 사용되지 않는 언어들과 수만종류의 사라진 카스트들, 그리고 수백만의 잊힌 신과 여신들을 전시하는 거대한 박물관으로 바뀌는 것을 허용하지 않을 것이다. 시인이자 사상가인 타고르는 거의 한세기 전에 인도에 국가를 세우려는 시도는 스위스에서 해군을 창설하려는 것과 마찬가지라고 말한 바 있다. 이 비유는 여전히 유효하다. 남아시아에서 정치적 공동체는 다른 지역과 다른 방식으로 조직되고 서로 관련을 맺고 있으며, 국가에 대한 교과서적 관념은 아직 이들 공동체의 자기정의에 포함되지 않고 있다. 그러나 타고르는 식민주의적 사업이 수백만의 인도인에게 준 굴욕과 모든 문제를 해결하겠다던 민족주의의 위력 모두를 과소평가했다. 인도를 제대로 된 유럽식 국가로 바꾸고자 한 200년의 기획은 이미 엄청난 폐해를 야기했고, 인도의 엘리트들은 기꺼이 그런 댓가를 치르고자 했다. 최근 인도의 폭발적인 경제성장은 그들이 인도를 더욱더 경직되고 협소하게 정의하도록 부채질한다. 지구화가 인도의 선택지를 더욱 줄여놓은 것이다.

그러나 나는 이 책을 쓸 때보다 지금 더 낙관적이다. 1980년대 미국과 미국식 후기자본주의에 맞서는 주요 세력은 소비에트 제국인 것처럼 보였다. 당시 소비에트 권역의 정권들이 과시한 불필요하고 제도화된 폭력과 원형적인 권위주의는 미제국과 그와 관련된 삶의 방식의 호소력을 강화할 뿐이었다. 소비에트 제국의 비위나 맞추던 남반구의 좌파정권들이 저지른 해괴한 짓거리도 마찬가지였으

226

니, 그들은 사회주의의 이름으로 강제수용소, 인위적 기근, 공개 재판, 검열, 그리고 감시를 자행했다. 당시 자유의 공간은 심각하게 위축됐다.

오늘날 미국의 정치적 헤게모니와 이른바 미국식 생활양식이라는 것이 무엇인지 더욱 명확해졌다. 미국문화의 확산은 특히 이전 시기 미국의 경쟁국이자 적국이던 러시아·중국·동유럽에서 특히 두드러지는데, 이들 나라에선 미국의 대중문화와 소비양식을 받아들이는 것이 권위에 대한 도전과 세대 변화의 표식이 됐다. 그러나 이렇듯 미국문화가 성가를 누리는 현상 이면에는 무수한 저항의 시도들, 지적 다극주의(polycentrism)에 대한 요구의 확산, 일상의 반복되는 흐름(algorithm) 속에 있는 보통 사람들의 기이하고 통일되지 않는 다채로운 목소리들에 주목해야 할 필요성에 대한 보다 예리해진 자각 등이 드러난다.

그렇게 다채로운 목소리가 들리는 장에, 서구는 잘 알려진 주류 반대자의 형상뿐만 아니라 별로 기려지지도 않고 반쯤은 망각된 다른 자아의 형상을 대동하고 등장해서 자신들의 나라와 해외에서 타자와의 관계를 재협상한다. 재협상이 벌어지는 자리에는 서구의 과거에서 소환된 유령들 또한 출몰한다. 인도문화는 어떤 다른 문화의 열성적(劣性的)인 측면들을 맡아서 관리하는 별난 경향이 있다. 빅토리아적이거나 에드워드적인 영국은 영국보다 인도에서 보다 생생하게 살아 있다. 이슬람이 도입되기 전후의 페르시아도 모두 인도에 보존되어 있는데, 오늘날 페르시아의 유산은 여러모로 이란에서보다 인도에서 더 안락하게 생명을 이어가고 있다. 이슬람의 가장 창조적이고 인간적인 측면들 또한 남아시아에서 번성하고 있는데, 그런 측면들은 주변적이거나 반대 전통이 아니라 주류 이슬람 전통에 속해 있다. 물론 스탈린주의자도 러시아보다 인도에 더 많다. 인도는 패배한 지식체계와 실패한 정치적 대의의 마지막 피난처가 되는 경향이 있기에, 세계의 문화적 유전자 은행 노릇을 하게끔 되어 있었다. 이는 대안적 비전에 이념적으로 헌신한 도전적인 개인이 많아서가 아니었다. 그보다는 타임머신(time warp)에 갇힌 듯한, 수많은 인도의 소문화(little culture)들이 어찌어찌 살아남았고, 극심한 고난 속에서도 자기를 내세우거나 딱히 그렇게 한다는 의식도 없이 좋은 사회에 대한 대안적 비전의 조각들을 대변하고 그 비전을 실천해왔기 때문이다. 그들은 다양성에 익숙해졌고, 다양성과 더불어 사는 법을 배웠다. 이런 사정은 인도 마하라슈트라에 살던 부르봉(Bourbon) 왕가 일파의 경우와 어느 정도 흡사하다. 그들은 외부 세계에 대해 아무것도 듣지 않고 모른 채로 살았는데, 존재가 잊힌 그들이 일이십년 뒤 딱 한번 그다지 호기심 많지 않은 신문 독자들에 의해 재발견된 적이 있었다. 이렇듯 인도는 세계에 내놓을 부적이 없지만, 우리 시대의 모순들을 극화하고 세계의 다른 곳에서 주목받지 못한 채 진행되는 실험을 부각함으로써 세계 전체를 압축적으로 드러낸다.

이 책을 썼을 때 나는 지구화라는 용어는 듣지도 못했다. 그 용어는 아직 사람들이 사용하는 어휘 목록에 포함되지 않았던 것이다. 그리고 당시에는 '전지구적'과 '보편적인'은 매우 비슷한 단어처럼 보였다. 오늘날 이 두 단어의 뜻은 보다 분명하게 나뉘었다. 사람들은 모호하게나마 이런 변화를 인식하는 듯 보인다. 국제 관광, 다민족적 요리(multi-ethnic cuisine), 다문화주의라는 구호의 채택, 해외 영화, 심지어 기업 세계의 변화하는 문화 같은 현상들은 모두 전지구적인 문화 간 교류를 말해주고 있지만, 우리는 그 같은 현상들을 보편적인 것으로 찬양할 필요는 없다. 반면 싸빠띠스따(Zapatistas)가 자신들의 투쟁에 동원하는 가치와 세계관은 버마인들이나 태국의 승려들이 각각 자기 나라의 군사정권에 저항할 때 내세운 가치와 세계관과는 근본적으로 다르다. 그러나 이런 다양한 가치와 세계관, 그리고 그것들과 결부된 자유에 대한 열정은 쉽게 문화 간 경계를 가로지른다. 그것들은 '전지구적'이지는 않을지라도 보편적이다. 그것들은 관념과 행동의 세계에 문화적으로 구분되지만 그럼에도 공유할 수 있는 무언가를 제공한다.

대서양의 노예무역과 근대의 식민주의는 지구화가 전개되던 초창기의 두 시도였다. 노예무역은 4개 대륙이 관련됐고, 식민주의는 5개 대륙이 연루됐다. 식민주의가 사람과 문화를 유아적으로 바꾸려는 시도였다면, 노예무역은 인간 자체를 상품화하려는 시도였다. 노예무역을 정당화했던 화려한 문체의 산문은, 빅토리아조의 아동노동을 정당화했던 산문과 마찬가지로 노예제에서 구원의 요소를 보았는데, 지금 이런 생각은 외설적이라고 여겨질 것이다. 그 두종류의 글들은 모두 자신들의 입장이 보편적인 가치와 역사, 정치, 사회의 세속적인 경향에 근거한다고 주장함으로써 보편적인 것의 의미를 축소했다. 노예제도와 식민주의의 종식은, 그 나름의 보편성을 파는 지구화에 합법성과 더불어 새로운 영토를 부여했다. 지구화에 대항하는 투쟁은 지구적인 것의 손아귀에서 보편적인 것을 되찾는 전투일 수 있었다. 그러나 지금까지는 그렇게 되지 않았는데, 지구화에 대한 저항이 대부분 보편적인 것에 대한 식민주의적 정의에서 벗어나지 못했기 때문이다.

노예제와 식민주의의 기억이 지구화에 그림자를 드리우고 있는가? 아마도 그렇겠지만, 직접적으로 그렇진 않을 것이다. 그러나 세계의 구석구석 여러 곳에서는 지구화에 대한 두려움이 느껴진다. 이전의 전지구적 기획과 마찬가지로 현재 기획 역시 지배자와 희생자를 망론해서 그 손아

귀에 사로잡힌 개인이나 사회를 황폐하게 만들 수도 있다는 것이다. 만약 희생자의 지위와 저항을 분리할 수 없다면, 지배하는 쪽에서 벌어지는 삶의 빈곤화와 자유의 축소 또한 그러하다. 식민주의자들은 영원히 행복하게 살지 못했지만, 그중 극소수만이 금부스러기와 일시적인 제국주의의 영광을 위해 자신들이 치러야 했던 댓가를 의식하는 듯이 보인다. 『친밀한 적』은 지배자가 치러야 했던 몇몇 중요한 댓가에 대한 회계 정리를 한다. 그 댓가로는 남성성을 훼손하는 여성성에 대한 극도의 두려움과 경직된 성별 위계, 아동기의 상실과 오로지 성년의 준비 단계이자 교육대상으로 아동기를 재규정하는 것, 진보와 생산성을 절대화하는 세속적인 관념으로 인한 살아 있는 우주의 속화(desacralization), 급진적인 다양성과 미래에 대한 다원적 비전을 쉽사리 받아들일 수 없는 협소하고 경직된 자아를 꼽을 수 있다.

『친밀한 적』은 한 문화를 다른 문화의 반대항으로 여기지 않는다. 이 책에서 식민지 사회는 모두 식민지를 운영하는 사회의 반(反)자아가 아니며, 식민지를 운영하는 사회가 식민지 사회의 이상적인 자아인 것도 아니다. 이 책은 모든 면에서 낙관적인(panglossian) 과거를 호출함으로써 열등감이나 민족주의적 정서를 달래려고 하지 않는다. 나는 역사를 쓰기 위해서가 아니라 사용 가능한 문화적,

심리적 자원을 찾아내기 위해서 과거를 발굴했다. 모든 비전은 한 사회의 기억과 신화로부터 형성된 범주를 통해 제시됨으로써 대중의 의식에 기반해야만 한다. 만약 그 비전이 민주주의적인 사회질서 내에서 힘을 얻자면 더욱 그렇다. 계몽주의 시대 유럽에서 그런 자원들은 그리스의 과거에 대한 말끔하게 편집된 기억에서 나왔다. 그 기억에는 그리스의 신비주의적 전통을 대변하는 피타고라스를 포함하면서도 그 전통을 위한 자리는 마련되지 않았다. 그런 정치적으로 올바른 선조들을 박탈당한 다른 문화권은 보다 조악한 수단을 이용해 자신들의 비전을 붙들어 매어야 했다.

마지막으로 『친밀한 적』은 왜곡된 열정과 자기정의, 그리고 그로부터 파생되는 왜곡된 지식에 대한 에세이이며, 그 핵심 주장은 사회계층이나 정치적 현상의 총합보다 개인과 인격적 특성의 사례를 통해 제시됐다. 바로 그 탓에 이 책은 지배자와 피지배자에 대한 식민주의의 주장을 규명하기 위해서 러디어드 키플링을 그 정치적·문화적 반대항이 아니라 그의 심리적 더블인, 흔히 스리 오로빈도라고 불리는 오로빈도 아크로이드 고세와 대비시켰다. 키플링은 인도에서 인도의 아이로 성장했고, 그렇게 목가적인 어린 시절을 보낸 후에 영국에 있는 억압적인 기숙학교로 보내졌다. 거기서 그는 이상한 문화적 레퍼토리를 지닌 국외자로서 배척과 굴욕에 직면했을 때 그런 고통과 낙원에서의 추방에 대처하는 법을 배워야 했다. 그리하여 그는 세속적인 지배와 권력이론, 즉 공세적인 제국주의 이데올로기와 가까워지려 했는데, 그 이데올로기로 말미암아 그의 다른 자아는 새로운 심리적 위계질서에 갇혀 질식하게 됐다. 오로빈도 고세는 반대로 제대로 된 교육을 받기 위해 영국으로 보내졌고, 인도적인 것 일체와 철저히 단절된 채 영국의 아이로 키워졌다. 그는 성인이 되어 인도인이 되는 법을 배워야 했고, 심지어 인도로 돌아온 후에 모국어마저 되찾아야 했다. 그러나 파편화된 자아를 통합하려는 그의 노력은 차례대로 민족주의와 (자아와 최종적으로는 우주를 통제하는 장엄하고 탈속적인 힘의 이론을 발전시키도록 해준) 신비주의를 경유하면서 다른 결과를 얻었다. 둘의 대조를 통해 내가 보여주고자 했던 것은 다음의 사실이다. 누군가가 키플링에게는 깊은 공감을 느끼는 반면 회의적인 정신과 의사의 시선을 통해 지극히 비판적으로 오로빈도를 볼지라도, 키플링의 '온전한 정신'은 무언가를 배제하고 위계를 정하며 비인간화하는 세계관을 포함하는 반면 오로빈도의 '미친 정신'은 애초에 자기초월이 가능한 포괄적인 인간성에 대한 관념과 더불어 작용한다는 것이다. 내가 실존주의적 정신분석학자 롤로 메이에게서 빌려온 진정한 순진성의 개념으로 포착하고자 했던 것도 바로 상황에 따라 건전한 정신과 미친 정신이 뒤바뀌는 이런 현상이었다.

이 역전이야말로 근대 식민주의가 세계 문명에 기여한 독특한 공헌이다. 식민주의가 추구한 특정한 종류의 정치 경제나 역사적 의식, 그리고 식민주의가 심리적 생존전략으로 장려했던 모방이 아니고 말이다. 그리하여 식민주의가 세계의 남반부에 두고 떠난 이차적 피해라고 할 진보이론에 대한 (필연적으로 영웅적이지 않고, 여성적이며, 유아적인) 저항의 이야기가 쓰일 수 있었다. 그 저항은 우리 시대의 진정성과 순진성을 되찾기 위한 더 큰 투쟁의 일부가 될 수밖에 없다.

2009년 4월
뉴델리
아시스 난디

* 이 후기는 『친밀한 적』의 불어 번역본 *L'Ennemie intime*, Annie Montaut 옮김 (Paris: Fayard 2007)의 출간을 기념하여 Institute d'etudes Avanceees de Nantes의 초청으로 2007년 10월 5일에 열린 공개강의 원고다.

역자후기

　역자이기에 앞서 서양문학을 전공하는 신출내기 학자로서 『친밀한 적』을 접한 솔직한 소감은, 주되게는 정치적·윤리적 함의가 큰 인식의 대전환을 촉구하기에 지적 자극을 주는 동시에 상당한 저항감을 불러일으키는 책이라는 것이다. 대다수 독자들도 비슷하게 반응하리라고 예상될 만큼 이 책은 근대성과 식민주의에 대한 지배적인 통념을 뒤집는 강력한 주장을 담고 있지만, 그 이론적인 논의들은 두 주제와 관련된 아주 구체적이고 실천적인 사안에 대해 그간의 통념과 입장 들을 재검토하도록 유도하는 도전적인 질문을 품고 있다.

　(탈)식민주의적 의식의 갈래나 진화 과정을 대변하는 인물들에 대한 다분히 삽화적인 약전(略傳)과 극도로 추

상적인 이론적 논의를 급격하게 오가는 서술방식, 이에 더해 현학적인 데다 압축적이기까지 한 문투 때문에 이 책의 전체적인 구도를 단번에 파악하기란 쉽지 않다. 독자들의 좀더 효율적인 독서를 위해 논의의 큰 얼개를 간추려보고자 한다. 저자는 제1장에서 식민지 인도의 사례를 통해 근대성과 식민주의의 연관관계에 대한 파격적인 정식화를 제시한 다음, 제2장에서는 그에 의거해 식민주의의 균열과 붕괴에 실질적으로 기여한 (대개는) 산발적이되 창의적인 저항의 사례들을 해석하고 평가한다. 저자에게 식민주의는 그 무엇보다도 심리-정치적인 현상으로서, 문명의 가치지향을 규정하는 범주들 간의 재배열을 필요로 한다. 식민통치를 정당화하는 문명 간 위계의 확립으로 이어지는 이 과정은 하나의 이상적인 성격유형(personality)의 출현으로 요약될 수 있다. 합리적이고 성숙한 남성성으로 묘사할 수 있는 그 성격유형은 주지하다시피 서구 근대의 자기상에 해당된다. 저자는 식민주의가 본질적으로 서구 근대가 자신의 보편성을 증명하려는 문화-정치적 기획이며, 적어도 근대의 식민체제는 식민지 사회가 서구의 '보편적인' 가치를 내면화하지 않고는 유지될 수 없다고 본다. 이때 식민지 사회는 단순히 서구의 가치를 그대로 이식받는 것이 아니라 자신들의 전통에서 그에 대응하는 요소들을 발굴하고 그 의의를 부각하는 방향으로 전통 전체를 고쳐

236

쓰고자 한다. 이렇듯 이 책에서 근대성과 식민주의는 가히 상호 정의된다고 할 만큼 긴밀하게 연관되는 것으로 설정된다.

그렇다면 당연히 식민주의에 대한 저항은 근대성 자체에 대한 공격이어야 한다. 그 정치적 성과를 대변하는 인물은 물론 간디다. 그러나 간디의 등장을 예고한다고 평가받는 인물의 면면은 의아할 정도로 뜻밖이다. 게릴라 활동도 마다하지 않았던 민족주의 계열의 투사들은 거의 조롱거리로 전락한 반면 댄디-작가 오스카 와일드나 신비주의적인 요가 수행자 오로빈도는 (의도치 않은) 간디의 동료로 등극하는 것이다. 이 독특한 입장은 앞서 말했듯 '범주의 정치'야말로 근대 식민주의의 핵심이라는 판단에 근거한다. 인도의 민족주의자들은 인도 고유의 가치를 내세우는 듯하지만 근대 서구가 구축한 (예컨대 토착적인 것과 외래적인 것 간의) 대립쌍들의 체계 안에서 사유하며 무엇보다도 공세적 남성성 같은 서구의 가치를 철저히 내면화했기에 '근대성의 포로'인 셈이다. 이럴 때 그들의 저항은 서구가 제시한 관습적인 씨나리오를 따르는, 너무나 예측가능하기에 무력한 반대에 그치고 만다. 반면 예술과 삶모두에서 성의 경계에 도전한 와일드나 정신주의를 통해 서구와 연합하려 한 오로빈도는 근대적 범주들을 교란했고, 더 나아가 간디는 (예컨대 양성성 같은) 제3의 종합적인 요소를 도입함으로써 (예컨대 남녀 간 대립 같은) 대립적인 원리에 따라 구성된 근대적 범주들의 체계 자체를 와해시켰다. 상당히 사변적으로 들리는 가설이지만 그에 기대서 저자가 내놓는, 일반적인 시위와는 판이하게 달랐던 소금행진이 발휘한 정치적 위력이나 진영에 따라 찬탄과 경멸을 동시에 불러일으킨 간디의 독특한 면모에 대한 해설은 상당한 설득력이 있다.

이 책을 수월하게 읽기 위해 더욱 유념해야 할 필요가 있는 것은 근대 학문의 기본 자격요건이라 할 수 있는 객관성을 거부하는 듯한 저자의 태도다. 예컨대 저자가 신랄하게 조롱하는 민족주의에 대한 보다 표준적인 설명이나 옹호는 소개조차 되지 않는다. 반론을 염두에 두며 논의되지 않는 것은 근대성도 마찬가지다. 저자가 서론에서 자신의 책을 일종의 '신화'로 소개하고, 자기주장은 또다른 신화를 통해서만 반박 가능하다고 쓰고 있기는 하다. 그러나 이 책이 근대 학문과 맺고 있는 관계는 저자가 선언하는 것처럼 단절적이지는 않아서, 주요 논의가 정신분석학적인 개념에 크게 빚지고 있음은 물론 서구의 독자들을 의식하는 듯 시시때때로 근대적 교양을 과시한다. 그런 점에서 저자 또한 스스로가 서론에서 언급한, 싸르트르의 문체로 서구를 비판했던 파농의 운명에서 벗어나지 못했다고 할 수 있다. 이런 저자의 비일관성을 못 본 척하기는 어렵지만, 그렇다고 해서 이 책의 가치를 부정할 수는 없다. 탈식민이 여전히 완수해야 할 현재적인 과제임을 이토록 생생하게 설득하기도 어렵지 않겠는가. 일상의 차원에까지 서구에 대한 경쟁의식이 스며 있는 우리의 현실을 생각할 때 비서구의 자기상은 물론이고 서구에 대한 반대의 형식 또한 서구에 의해 주조되었다는 지적은 너무나 통렬하다.

끝으로 역자의 입장에서 한마디 하자면, 저자의 문장은 현학적인 데다 표준적인 영어와도 거리가 있어서 애초에 이해하기가 수월하지 않은 편인데 우리말로 충실하게 옮길라 치면 종종 그 결과가 너무 어색한 데다 논리적으로도 허술하게 보였다. 대체로 정직한 번역을 내놓고자 애썼지만, 간혹 논증 자체를 따라가기가 쉽지 않은 대목에서는 원문이 의도한 문장 간 연관관계를 살리기 위해 우리말 문장을 다소간 다듬었다. 대번 이해되지 않는 문장을 만나면 뜻을 새겨가며 천천히 읽어주십사 독자 여러분께 부탁드린다.

2015년 7월
이정진

제1장 식민주의적 심리: 영국령 인도의 성과 연령, 그리고 이데올로기

1 David Somervell, *English Thought in the Nineteenth Century* (New York: Longman Green 1929) 186면.
2 나는 한동안 우리 시대 식민지 사회가 제1세계와 벌인 정치적·경제적 파워게임에서 패배했다는 사실을 고려하지 않을 것이다.
3 이 다른 모순에 관해서는 Paul Feyerabend, *Science in a Free Society* (London: NLB 1978)를 참조. 이 점을 인도와 중국과 관련지은 연구서는 Claude Alvares의 *Homo Faber: Technology and Culture in India, China and the West, 1500-1972* (New Delhi: Allied Publishers 1979) 다. 다음 연구서도 참고할 수 있을 것이다. Ashis Nandy, "Science, Authoritarianism and Culture: On the Scope and Limits of Isolation outside the Clinic," M. N. Roy Memorial Lecture 1980, *Seminar*, May 1981(261); Shiv Viswanathan, "Science and the Sense of Other," paper written for the colloquium on New Ideologies for Science and Technology, Lokayan Project 1982, Delhi, 등사판.
4 프란츠 파농(Frantz Fanon)은 식민지에서 유럽 중간계급 문화의 심리

적 지배현상을 처음으로 지적한 이들 중 한명이다. 그의 책 *Black Skin, White Masks*, tr. C. L. Markman (New York: Grove 1967)과 Gustav Jahoda, *White Man* (London: Oxford University Press 1961) 102, 123면을 보라. 그리고 Renate Zahar, *Frantz Fanon: Colonialism and Alienation* (New York: Monthly Review Press 1974) 45면을 인용. James Morris는 *Heaven's Command: An Imperial Progress* (London: Faber and Faber 1973) 38면에서 인도의 상황에 대해서 다음과 같이 말했다. "1835년까지는 영국인들에게서 어떠한 자기만족적인 태도를 포착할 수 있었다. 우월감을 드러내는 이런 목소리는 이후에 그랬던 것처럼 오만한 우파가 아니라 극도로 도덕주의적인 좌파에게서 나왔다. 새롭게 선거권을 얻은 중간계급은 권력을 얻는 중이었다. 결국 이 계급은 빅토리아 시대에 이르러 가장 열성적인 제국주의자들로 밝혀지게 됐다."
중간계급 문화와 제국주의 정신 간의 이런 상호관계가 전제돼야 "성적(性的)으로 억압적인 사회만이 (…) 계속해서 영토 확장을 꾀한다"(*Heaven's Command*, 30면)는 심리학자 언윈(J. D. Unwin)의 잘 알려진 주장을 이해할 수 있다. 그러나 영국령 인도의 정치문화는 영국 봉건주의와 영국 중간계급 문화의 변증법적 산물이었다. 이 책에서는 그 변증법적 관계를 상세하게 다루지는 않았다.

5 E.g., Harihar Sheth, *Prācīn Kalikātār Paricay* (Calcutta: Orient Book 1982), new edition; Binoy Ghose, *Kalkātā Culture* (Calcutta: Bihar Sahitya Bhavan 1953); James Morris, 앞의 책 75~76면.

6 James Morris, 앞의 책 20, 24면. 그는 다음과 같이 결론지었다. "영국 전역의 모든 사람들이 제국 관점으로 사유한 것은 아니었다. 그들은 부유했고, 승리했으며, 존경받고 있었고 아직은 자신들의 산업을 위한 시장이 부족하지도 않았다. 게다가 영국은 전략적인 약점도 없었기 때문에 국내 문제에 전념했다. 빅토리아 여왕이 즉위했을 때 (…) 영국인들은 자신들의 통치자가 바다 저편의 영토에 대해서는 별 관심이 없으리라고 확신할 수 있었다. 그녀는 섬나라의 여왕이었다. (…) 당시 웨일즈인, 스코틀랜드인, 아일랜드인조차도 빅토리아 여왕에게는 낯선 존재들이었다. 세계는 여왕의 국가를 그저 잉글랜드라고 불렀다. (…) 그랬다, 1837년까지도 잉글랜드는 제국이 필요하지 않은 듯했고,

하나의 전체로서 영국인들은 식민지에 별다른 관심이 없었다. 수상인 멜버른 경(Lord Melbourne)이 물었던 것처럼 누가 연어조차 낚이지 않는 캐나다 같은 나라에 관심을 가지겠는가?"(25~26, 30면)

7 James Morris, 앞의 책 71~72면.

8 그러나 1857년 세포이 항쟁 이후, 인도 사회를 개혁하려는 영국인들에게 힘을 실어주던 보편주의는 제2의 폭동에 대한 두려움으로 인해 인도문화를 '관용'하는 다음 국면을 맞이하게 됐다. 그러나 이 새로운 문화상대주의는 유아적·비도덕적으로 간주되는 인도문화와, 강건하고 용맹하며 자기를 통제하는 '성인 남자'로 상징되는 영국 사립학교 문화를 분명히 구분했다. Lewis D. Wurgaft, "Another Look at Prospero and Caliban: Magic and Magical Thinking in British India," 등사판, 5~6면. 우르가프트는 부분적으로는 Francis Hutchins, *The Illusion of Permanence, British Imperialism in India* (Princeton: Princeton University Press 1967)에 근거해 자신의 분석을 전개했다. 그러나 이런 관용으로의 전환이 식민지인들과의 근본적인 관계를 바꾼 것은 아니었다. 알베르 메미가 분석한 아프리카에서와 마찬가지로, '선한' 식민주의자와 '악한' 식민주의자는 같은 기계에서 동등하게 중요한 기능을 수행하는 두개의 다른 톱니바퀴였다. 메미의 *The Colonizer and the Colonized*, tr. Howard Greenfeld (New York: Beacon 1967), 그리고 Wurgaft, 앞의 글 12~13면을 보라. 파킨슨(C. Northcote Parkinson)은 그의 책 *East and West* (New York: Mentor 1965) 216면에서 다음처럼 말끔하게 상황을 요약했다. "식민지 사회에 가장 큰 손해를 입힌 사람은 지식이 많고 효율적이며 정중한 유럽인들이었다."

그 전과정은 근대 이전 유럽의 동양에 대한 개념을 부정하는 것, 그리고 식민주의의 필요에 부응하여 동양을 유럽인의 의식에 재편입하는 것을 포함하는 보다 넓은 과정의 일부였다. 이와 관련해서는 이 책의 제2장을 보라. 예컨대 볼떼르 같은 18세기 유럽의 철학자들이 중국을 세계에서 가장 발전한 나라라고 여겼음은 흥미로운 사실일 것이다. 19세기가 되면 유럽의 지성인들은 중국인을 원시인으로 받아들이게 된다.

9 Rabindranath Tagore, "Cār Adhyāy," *Racanāvalī* (Calcutta: West Bengal Government 1961) 875~923면; "Gorā," *Racanāvalī*, 1~350면.

Brahmabandhav Upadhyay에 관해서는 Smaran Acharya, "Upadhyay Brahmabandhav: Rabindra-Upanyāser Vitarkita Nāyak," *Desh*, 49(20), 20 March 1982, 27~32면을 참조. 「차르 아디예이」에 드러난 극단주의적 정치에 대한 자신의 입장을 비판한 글에 대한 타고르의 반응은 다음 책을 보라. "Kaifyat," (1935) reproduced in Shuddhasatva Bosu, *Rabindranāther Cār Adhyāy* (Calcutta: Bharati Prakasani 1979) 7~10면. 보수(Bosu) 역시 그 소설에 관한 흥미로우면서도 정치적으로 타당한 분석을 내놓았다.

나는 자신의 영적 스승인 라마크리슈나 파라마함사(Ramakrishna Paramahamsa)가 제시한 양성성을 명확하게 부정하고 남성적인 힌두교를 주창한 비베카난다조차 짧았던 인생이 끝나갈 무렵 자신이 주창한 힌두교로 대변되는 인도 사회의 변화를 고통스럽게 느꼈다는 사실을 지적해준 람 찬드라 간디(Ram Chandra Gandhi)에게 감사를 표하고 싶다. 양성성에 관한 인도 전통과 양성적 존재에 관한 인도신화는 다음의 저서를 보라. Wendy D. O'Flaherty, *Sexual Metaphors and Animal Symbols in Indian Mythology* (Delhi: Motilal Banarsidass 1980) 그리고 *Women, Androgynes and Other Mythical Beasts* (Chicago: University of Chicago 1980).

10 인도에서 이 특성 중 다수가 전통적으로 여성성과 관련됐다는 사실에도 불구하고 그러했다. 이 주제에 관해서는 나의 글 "Woman Versus Womanliness in India: An Essay in Political and Social Psychology," *Psychoanalytic Review*, 1978, 63(2), 301~15면과 *At the Edge of Psychology: Essays in Politics and Culture* (New Delhi: Oxford University Press 1980) 32~46면을 보라. 그리하여 선의를 가지고 있었던 말리크(M. C. Mallik)는 자신의 저서인 *Orient and Occident: A Comparative Study* (London: T. F. Unwin 1913) 183면(Parkinson, *East and West* 210면에서 재인용)에서 다음과 같이 말했다. "인도인을 친근하게 느끼는 유럽인들조차 인도인의 본성과 행동에서 남성다움이 부족한 것을 한탄한다. 그러나 여러 세기에 걸쳐 종교적·정신적·정치적 지도자들의 속박과 의욕을 꺾는 삶의 조건이 지속됐음에도 불구하고 남성다움이 남아 있었다면 그쪽이 이상한 일일 것이다. 어떤 개인이 남성다움을 조금이라도 드러내면 부모나 스승, 정신적 지도자, 그리고 정치 지도자

들이 주제넘고 불충(不忠)한 짓을 했다며 의욕을 꺾어놓은 것이다." 현대 인도가 낳은 최고의 인재 중 한명인 영화감독 레이(Satyajit Ray) 가 그의 영화 〈체스 플레이어〉(Shatranj Ke Khilari)에서 그러한 생각 을 보다 세련된 방식으로 표현한 것은 현대 인도의 작은 비극이다. 현 실정치에 기반한 영국의 통치술에 패배하고 마는, 춤추고 노래하는 시 인-왕에 대한 레이의 양가감정은 말리크(Mallik)의 생각을 한층 세 련되게 표현한 것이다. 이 영화에 대해서는 나의 영화평을 참조하라. "Beyond Oriental Despotism: Politics and Femininity in Satyajit Ray," *Sunday*, Annual No. 1981, 56~58면.

11 Kenneth Ballhatchet, *Race, Sex and Class Under the Raj* (London: Weidenfeld and Nicholson 1980). 나는 그 책에 대한 서평에서 Ballhatchet의 연구와 이 글에서 내가 주장하는 논점의 관계를 자세히 밝 혔다. *Journal of Common-wealth and Comparative Politics*, 1982, 20(2), 29~30면.

12 이 은밀한 인식은, 그 자신이 동성애자였던 포스터에게 거의 명백 할 정도로 드러나게 된다. E. M. Forster, *A Passage to India* (London: Arnold 1967)를 보라.

13 이 문제에 관해서는 곧 출간될 나의 저서 *The Politics of Awareness: Traditions, Tyranny and Utopias*에 실린 "Oppression and Human Liberation: Towards a Third World Utopia"에서 간략히 다룬 바 있다. 또 한 나의 저서 *Alternatives*, 1978-9, 4(2) 초기 판본의 165~80면도 보 라. 이 주제에 관해서는 메미(Memmi)의 예민한 인식을 보여주는 *The Colonizer and the Colonized*도 유익하다. 식민주의자에게서 문명화 사 명이 부재하거나 사라지게 되는 대표적인 경우는 만주족의 중국 지배 에서 찾을 수 있다. 소수였던 만주족은 한두세대 만에 중국 사회에 통 합됐고, 식민주의로 시작한 것은 내부적 억압의 한 형태로 바뀌게 됐 다. 보다 최근 사례인 일본이 중국 일부 지역을 정복한 것도, 그 나름의 문명화 사명에 관한 이론창출 노력이 없지는 않았지만 결국 실패하고 말았다. 그런데 그런 이론을 만들어내고자 한 일본의 노력에서 드러나 는 주요 요소 중 하나가 일본의 더 성공적인 근대화와 다른 아시아 국 가들을 근대화해야 하는 일본의 책임이었다는 것은 흥미로운 사실이 다. 일본 사회에 끼친 근대 서구의 영향은 많은 사람들이 생각하는 것

보다 훨씬 광범위했다.

그와 비슷하게 영국의 인도 정복도 그 첫번째 국면 동안에 인도 사회로 통합되는 모든 조짐을 보였다. 통합 과정을 멈추게 한 것은 아마도 주되게는 수에즈 운하의 건설로서, 그로 인해 인도의 영국인들은 이전보다 자신들의 문화적 근원과 더 긴밀하게 연결됐다. 또 영국 여성들이 인도로 들어오면서, 인도의 카스트제도와 인도 사회의 거대한 문화적 자신감으로 말미암아 족내혼(族內婚, endogamy)이 거의 예외 없이 보장됐다.

14 이 상동관계에 대한 나 자신의 전반적인 이론적 이해는 "Reconstructing Childhood: A Critique of the Ideology of Adulthood," *The Politics of Awareness: Traditions, Tyranny and Utopias*에 정리되어 있다. 보다 짧은 버전은 *Resurgence*, May 1982와 *The Times of India*, 2~4 February 1982에 실렸다. 인도 맥락에서 그러한 관계를 논의한 글로는 Bruce Mazlish, *James and John Mill: Father and Son in the Nineteenth Century* (New York: Basic Books 1975)가 있다. (아동, 원시주의, 식민주의적 종속성 간의 상동관계가 성립하는 배경으로 작용하는) 서구에 의한 신세계의 동화 과정에 대한 전체적인 양상에 대한 간략한 입문은 Michael T. Ryan, "Assimilating New Worlds in the Sixteenth and Seventeenth Centuries," *Comparative Studies in Society and History*, 1981, 23(4), 519~38면을 보라. Ryan은 "고대적인 것을 이국적인 것과 견주는 경향"과 그런 경향과 유럽에 이미 존재했던 일군의 악마에 관한 이론 사이의 관계를 언급했다.

15 메미(Memmi)는 *The Colonizer and the Colonized*에서 신규 인력이 식민주의자들의 지배문화에 동화되는 과정을 생생하게 묘사했다.

16 Karl Marx, "The British Rule in India," (1853) Karl Marx and Friedrich Engels, *Articles on Britain* (Moscow: Progress Publishers 1971) 166~72면.

17 이 이미지들은 아시아적 생산방식이라는 이론의 심리학적 토대를 제공했다. 나는 1927년 중국 공산당이 중국은 아시아적인 사회가 아니라는 공식적인 결의안을 채택함으로써 이 맑스주의의 이중구속에서 벗어나려 했다는 사실을 알려준 데싱카르(Giri Deshingkar)에게 감사한다. 과학적 사회과학의 유인은 그토록 강력한 것이다.

18 대동소이한 논의의 틀 안에서 원시주의에 관한 또 하나의 관점이 성립 가능하다는 것은, 우리 시대의 맑스주의자인 마르쿠제가 *Eros and Civilization* (London: Sphere 1969)에서 다형도착적인(polymorphous perverse) 유아라는 프로이트적 개념을 정치적으로 활용함으로써 보여준 바 있다. 마르쿠제에 앞서 정신분석학 분야에서는 빌헬름 라이히 (Wilhelm Reich)가, 문학 분야에서는 로런스(D. H. Lawrence)가, 미술 분야에서는 살바도르 달리(Salvador Dali)가 메타 프로이트적인 틀 안에서 원시주의의 창조적인 가능성을 탐구했다.

19 이 문제에 관해서는 O. Mannoni, "Psychoanalysis and the Decolonization of Mankind," ed. J. Miller, *Freud* (London: Weidenfeld and Nicholson 1972) 86~95면을 보라.

20 하나의 문화적 특질로 간주됐던, 인도인들의 감사할 줄 모르는 태도로 말미암아 영국 식민주의자들이 느꼈던 배신감에 대해서는 Wurgaft, "Another Look at Prospero and Caliban"을 보라. 우르가프트가 마노니(O. Mannoni)의 *Prospero and Caliban: The Psychology of Colonization*, tr. Pamela Powers (New York: Frederick A. Praeger 1964)의 논의에 빚지고 있다는 것은 명백하다.

21 Philippe Aries, *Centuries of Childhood: A Social History of Family Life*, tr. Robert Baldick (New York: Knopf 1962) 다른 관점은 Lloyd deMause, "The Evolution of Childhood," ed. deMause, *The History of Childhood* (New York: The Psychohistory Press 1974) 1~73면을 보라

22 Ashis Nandy, "Woman Versus Womanliness".

23 _____, "Reconstructing Childhood".

24 키어넌(V. G. Kiernan)은 *The Lords of Human Kind: European Attitudes to the Outside World in the Imperial Age* (Harmondsworth: Penguin 1972) 243면을 통해 아프리카라는 맥락에서 다음과 같이 말한 바 있다. "리빙스톤(Livingstone)마저도 승인한, 미성년으로서의 아프리카인이라는 생각은 널리 퍼져 있었다. 스페인인들과 보어인들이 아프리카 원주민들이 영혼을 가졌는지에 대한 의구심을 표명했다면, 근대 유럽인들은 아프리카인들의 영혼에 대해서는 크게 신경 쓰지 않았지만 그들이 성숙한 형태로 성장할 수 있는 정신을 소유했는가에 대해서는 의문을 가졌다. 아프리카인들의 정신적 성장은 일찍 멈추기 때문

에 결코 아동기를 벗어나지 못한다는 이론이 인기를 끌었다."

25 식민주의와의 상호관련성을 고려하며 이 문제를 간략하게 다룬 논의
로는 나의 "The Politics of Life Cycle," *Mazingira*를 보라.

26 Albert Schweitzer, *Hindu Thought and Its Development* (New York:
Beacon 1959)

27 내가 활용할 사례들은 주로 벵골의 경우인데, 벵골문화가 인도의 정
치적·문화적·창조적인 삶에 드리운 식민주의적 곤경을 가장 잘 예시
하고 극화할 뿐만 아니라 벵골에서 서구의 침투가 가장 깊었고 식민주
의의 영향 또한 가장 오래갔기 때문이기도 하다.

28 "Megnādvadh Kāvya," (1861) ed. Kshetra Gupta, *Madhusudan
Racanāvali*, 1·2권 (Calcutta: Sahitya Samsad 1965) 35~117면.

29 최소한 한명의 문학비평가는 마두수단의 「라마야나」 재해석이 그
가 마드라스에 있는 동안 자이나교의 「라마야나」에 노출된 경험에 근
원을 둔다고 보는 듯하다. Asit Bandopadhyay, *Ādhunik Bāṅglā Sāhi-
tyer Saṁkṣipta Itivṛtta*, 1965를 Bishwanath Bandopadhyay, "Pramilār
Utsa," *Desh*, 49(18), 6 March 1982에서 인용.

30 식민주의에 대한 람모훈 로이의 반응을 심리학적 차원에서 논의
한 글인 Ashis Nandy, "Sati: A Nineteenth Century Tale of Women,
Violence and Protest," *At the Edge of Psychology*, 1~31면을 보라. 또한
이 글은 람모훈 로이의 사회변화에 관한 철학에 힘을 실어주었던 개인
적·문화적 양가감정을 논의한다.

31 Bankimchandra Chatterji, *Racanāvali*, 1권 (Calcutta: Sahitya Samsad
1958) 715~88면. 바갈(Jogesh Bagal)이 쓴 서문도 참조.

32 _____, "Kṛṣṇacaritra," (1886) *Racanāvali*, 2권,
407~583면.

33 이 자체가 근대적이었다. 무역사적이고 서사시적인 문화에서 시간성
은 진정성 여부를 결정하게끔 허용되지 않는다. 이 장의 7절을 보라.

34 Kiernan, *The Lords of Human kind*.

35 사실 대다수 힌두 민족주의자들의 반(反)무슬림적인 입장은 부분
적으로는 식민주의 권력에 대한 적대감의 전치(轉置)된 형태였을 수
도 있다. 그런 감정은 힌두교가 식민 세력의 정당성을 인정하면서 직
접적으로 표현할 수 없었던 것이다. 대략적으로 볼 때 그러한 심리

의 동학(dynamics)은 권위주의적 성격 유형에서 나타나는 오이디푸스적인 적대감정의 전치와 흡사한 것처럼 보인다. T. W. Adorno, else Frenkel-Brunswik, D. Levinson and R. N. Sanford, *The Authoritarian Personality* (New York: Harper 1960).

36 Amalesh Tripathi, *Vidyasagar: The Traditional Modernizer* (Calcutta: Orient Longman 1974).

37 Benoy Ghose, *Vidyāsāgar o Báṅgālī Samāj*, 1~3권 (Calcutta: Bengal Publishers 1973), 2nd edition; Indra Mitra, *Karuṇāsāgar Vidyāsāgar* (Calcutta: Ananda Publishers 1971).

38 Amalesh Tripathi, 앞의 책 1장. 이러한 재해석 양식에 관한 문제는 Asok Sen, *Iswarachandra Vidyasagar and His Elusive Milestones* (Calcutta: Riddhi India 1977)에서도 간략하게 다룬 바 있다.

39 Mannoni, "Psychoanalysis," 93~94면.

40 Aimé Césaire, *Discourse on Colonialism*, tr. Joan Pinkham (New York and London: Monthly Review Press 1972), 20, 57~58면.

41 Mannoni, *Prospero and Caliban*; Fanon, *Black Skin, White Masks*; Memmi, *The Colonizer and the Colonized*.

42 Césaire, *Discourse on Colonialism*, 13면. 플라톤은 이미 그 심리적 원리를 인식하고 있었다. 머독(Iris Murdoch)은 자신의 책 *The fire and the Sun: Why Plato Banished the Artists* (Oxford: Oxford University Press 1977) 39면에서 다음과 같이 요약한다. "그의(플라톤의) 교의가 무엇이든 간에 그의 심리학에 대해서는 불분명한 것이 거의 없다. (…) 우리는 죄의 결과를 피할 수 없다는 것이다. 플라톤의 *Theaetetus*(176~77면)는 간단히 말해 사악함의 피할 수 없는 형벌은 바로 그로 인해 사악한 인간이 되는 것이라고 말한다." 버거(Peter Berger)가 "혁명의 클라우제비츠(Clausewitz)"라고 부른 파농이 그러한 악의 철학에 담긴 창조적 가능성을 오직 부분적으로만 인식했다는 것은 놀라운 일이다.

43 Frantz Fanon, *The Wretched of the Earth* (Harmondsworth: Penguin 1967) 215~17면.

44 물론 정치적·경제적 혼란상은 잘 알려져 있고 잘 기록되어 있다. 영국 식민지 시기의 경제적 착취에 대한 초기 논의로는 다음 저서들을

보라. R. C. Dutt, *Economic History of India in the Victorian Age* (London: Routledge and Kegan Paul 1903); Dadabhai Naoroji, *Poverty and Un-British Rule in India* (1901), (New Delhi: Publications Division 1969). 식민화가 야기한 문화, 심리적 병리현상의 사례에 대해서는 다음 저서를 보라. R. C. Majumdar, A. K. Majumdar and D. K. Ghose eds., *British Paramountcy and Indian Renaissance* (Bombay: Bharatiya Vidya Bhavan 1965) 2부. 영국의 식민통치 시기 동안 한 특정한 문화적 병리현상에 대한 사례 연구로는 나의 글인 「사티」(Sati)를 보라.

45 여기서 강조되는 여러 특성들은 맑스주의자들로 이루어진 프랑크푸르트 학파가 내놓은, 권위주의적 성격형에 대한 '표준적인' 묘사, 특히 이런 인물형을 실증적으로 규명하고 있는 아도르노의 논의에 잘 들어맞는다. T. W. Adorno 외, *The Authoritarian Personality*. 영국의 사회 진화론적 문화에 대해서는 Raymond Williams, "Social Darwinism," *Problems in Materialism and Culture* (London: NLB 1980) 86~102면을 보라.

46 James Morris, *Farewell to Trumpets: An Imperial Retreat* (London: Faber and Faber 1978) 556면.

47 파농은 *The Wretched of the Earth*에서 이러한 전치를 파악한 듯이 보인다.

48 *Essai Sur La Colonisation* (Paris 1907), Césaire, *Discourse on Colonialism*, 20면에서 재인용. 쎄자르도 역시 르낭(Renan)의 직선적인 사고를 인용한다. '열등하거나 퇴락한 인종이 우월한 인종에 의해 갱신되는 것은 인류를 위한 신의 섭리에 속한다. 우리와 함께 유럽에 있을 때 유럽의 평민들은 거의 언제나 귀족에 미치지 못하는 존재들이며, 그의 투박한 손은 정신적인 연장보다 칼을 다루는 데 더 적합하다. 그는 일하기보다 싸우기를 선택한다. (…) 모든 열정을 불태우는 그런 활동을 외국에 정복당하기를 간절히 바라는 중국 같은 국가에서 펼쳐라. 또 유럽 사회를 혼란하게 하는 모험가들, 즉 프랑크족·롬바르드인·노르만족을 추방해라, 그러면 모든 사람은 각자의 적절한 역할을 맡게 될 것이다. 자연 질서에 따라 중국인들은 노동자 무리가, (…) 흑인들은 땅의 경작자 무리가, 유럽인은 통치자와 군인 무리가 됐다.'(16면)

49 물론 포스터의 *A Passage to India*는 이러한 분리를 인도에서 영국 사

회와 관련지어 검정했다.

50 K. Bhaskar Rao, *Rudyard Kipling's India* (Norman: University of Okla-hama 1967) 26면에서 인용. 이런 도덕적인 차원을 흥미 있게 다루고 있는 Wurgaft의 "Another Look at Prospero and Caliban"과 Mannoni 의 Prospero and Caliban을 보라.

51 Morris, *Heaven's Command*, 37~38면에서 인용.

52 _____, *Farewell to Trumpets*, 551면.

53 _____, *Heaven's Command*, 1장.

54 Jacques Ellul, *The New Demons*, tr. C. Edward Hopkin (New York: Seabury Press 1975) 4장.

55 이 책의 182~86면에서 간단히 다룬 미라 리샤르(Mira Richard)의 경우와 비교해 보라. 또한 이 여성들 다수가 아일랜드인이라는 사실도 주목할 만한다. 나는 여성성, 의존성과 독립성, 영국과 아일랜드 간의 정치적 관계, 그리고 가톨릭과 가톨릭의 비근대적이거나 전근대적인 사고 범주에 대한 더 큰 관용 간의 연관관계에 담겨 있을 수도 있는 의미를 밝히는 작업은 심리학적 역사가들에게 맡기는 바다.

56 이 책의 제2장 1절을 보라.

57 Edmund Wilson, "The Kipling that Nobody Read," ed. Andrew Rutherford, *Kipling's Mind and Art* (Stanford, California: Stanford University Press 1964) 17~69면.

58 예컨대 George Orwell, "Reflections on Gandhi," ed. Sonia Orwell and Ian Angus, *Collected Essays, Journalism and Letters of George Orwell*, 4권 (London: Secker and Warburg 1968) 463~70면을 보라. 오웰은 도덕적인 간디를 부각한 반면, 비합리적이고 반인도(人道)적이라는 이유로 간디의 세계관을 거부했으며 간디의 성격 또한 미적으로 추하다고 보았다. 그러나 같은 선집에 실린 오웰의 다른 글인 "James Burnham and the Managerial Revolution," 160~81면은 간디가 공격한 근대적 억압이라는 특정 문제에 대한 예리한 인식을 보여준다.

59 George Orwell, *Inside the Whale and Other Essays* (Harmondsworth: Penguin 1957) 91~100면. 또한 오웰의 다른 저서 *Burmese Days* (Harmondsworth: Penguin 1967)도 보라.

60 Bernard Crick, *George Orwell, A Life* (Boston: Little, Brown 1980) 특

히 1~2장. 오웰이 그런 사실을 인정했기에 크릭이 왜 그 점을 강조했는지는 불분명하다.(344, 347면)

61 George Orwell, "Such, Such Were the Joys," *Collected Essays*, 4권, 330~69면, 특히 351~53, 359면.

62 앞의 글 334면.

63 같은 글 334면.

64 같은 글 362~63면.

65 같은 글 359~61면.

66 Lawrence Kubie, "The Drive to Become Both Sexes," *Psychoanalytic Quarterly*, 1974, 43(3), 349~426면.

67 재치와 쾌활함이 사회적 용인과 인기라는 속박 가운데 성적 일탈이 야기하는 고통과 고독을 감추기 위해서 어떻게 활용되는지를 느끼자면 코워드(Noël Coward)의 자서전인 *Future Indefinite* (London: Heineman 1954)를 보라. 기존 남녀관계에 대한 비판, 하층계급과 정서적으로 유대하려는 시도 그리고 반제국주의와 반군사주의를 상호 연결하는 '감정의 구조'에 대한 논의로는 Raymand Williams, "The Bloomsbury Fraction," *Problems in Materialism and Culture*, 148~69면을 보라. 또한 윌리엄스는 심층심리학과 블룸즈버리에 대한 열광 간의 관계의 본질에 대해서도 모호하지만 중요한 단서를 제공한다.

68 Richard Ellmann, "A Late Victorian Love Affair," *New York Review of Books*, 1977, 24(13), 6~10면.

69 Geoffrey Gorer, "The British National Character in the Twentieth Century," *The Annals of the American Academy of Political and Social Sciences*, 370호, March 1967, 74~81면, 특히 77~78면.

70 H. Montgomery Hyde, *Oscar Wilde* (London: Methuen 1976) 136면에서 인용.

71 Richard Ellmann, "The Critic as Artist as Wilde," *Encounter*, July 1967, 29~37면.

72 앞의 글 30~31면.

73 같은 글 30면.

74 Hugh Tinker, *The Ordeal of Love: C. F. Andrews and India* (New Delhi: Oxford University Press 1979) 1면.

75 앞의 책 5면.

76 같은 책 4면.

77 Pyarelal, *Mahatma Gandhi: The Last Phase*, 2권 (Ahmedabad: Navajivan Publishing House 1958) 100면에서 인용.

78 나는 알버트 슈바이처에 대한 호감에도 불구하고 이렇게 말한다.(Tinker, *The Ordeal of Love*, 206면) 단순한 앤드루스는 슈바이처의 미묘한 도덕적·문화적 오만을 알아채지 못했을 공산이 크다.

79 C. F. Andrews, *Christ and Labour* (London: Student Christian Movement 1923); *What I Owe to Christ* (London: Hodder Stoughton 1932).

80 T. K. Mahadevan, *Dvija* (New Delhi: East-West Affiliated Press 1977) 118~19면에서 인용.

81 Rollo May, *Power and Innocence: A search for the Sources of Violence* (New York: Delta 1972) 112면.

82 Gene Sharpe, *The Politics of Nonviolent Action*, 1권 (Boston: Porter Sargent 1973) 87~90면.

83 Gorer, "The British National Character," 77면.

84 Nirad C. Chaudhuri, *The Continent of Circe* (London: Chatto and Windus 1965) 98~99면. 다수의 사회과학자들도 공격성을 발산할 필요가 여러 심리적 필요 중에서 최우선시된다는 사실을 거듭해서 언급했고, 또한 그들 중 다수는 공격성을 인도의 주요한 갈등 영역으로 파악했다. 더 자세한 내용은 Ashis Nandy and Sudhir Kakar, "Culture and Personality," ed. Udai Pareekh, *Research in Psychology* (Bombay: Popular Prakashan 1980) 136~67면을 보라.

85 Vivekananda, *Prācya o pāścātya* (Almora: Advaita Ashrama 1898). 비베카난다의 이런 면모는 Sudhir Kakar의 비베카난다에 대한 해석인 *The Inner World: Childhood and Society in India* (New Delhi: Oxford University Press 1977) 160~81면에도 나온다.

86 Chaim F. Shatan, "Bogus Manhood and Bogus Honor: Surrender and Transfiguration in the United States Marine Corps," *Psychoanalytic Review*, 1977, 64(4), 585~610면.

87 개인 차원에서 그 논리적 귀결인 부조리함이 드러나는 지경까지 과잉남성적인(macho) 모델을 추구했던 어린 간디의 시도에 관해서는

Erick H. Erickson, *Gandhi's Truth: On the Origins of Militant Non-Violence* (New York: Norton 1969)를 보라.

88 Lloyd and Susanne Rudolph, *The Modernity of Tradition* (Chicago: University of Chicago Press 1966) 2부.

89 Michael Oakeshott, *Experience and its Modes* (Cambridge: Cambridge University Press 1966) 107~08면. 물론 오크쇼트의 고전적인 보수주의는 역사에 대한 이러한 지향이 수행할 수도 있는 비판적 기능을 완전히 망각했다. 그러한 기능에 대해 철저하게 자각하기 위해서는 하이데거(Martin Heidegger) 같은, 근대 서구 전통에서 정치적인 정신분열증을 보인 인물들로 거슬러 올라가야 할 것이다.

90 앞서 말했다시피 아동기와 원시성과의 등가관계는 정신분석학적인 민족지(ethnography) 연구로부터 강력한 지지를 받았다. 프로이트 생전 그의 몇몇 추종자들은 아동기적인 특성을 드러낸다고 전제된 원시 문화 연구에 골몰했다.

91 Joel Kovel, *White Racism: A Psychohistory* (London: Allen Lane 1970) 232면.

92 Ashis Nandy, "From Outside the Imperium: Gandhi's Cultural Critique of the 'West'," *Alternatives*, 1981, 7(2), 171~94면.

93 Bruno Bettelheim, *Surviving and Other Essays* (New York: Alfred A. Knopf 1979); Lionel Trilling, "A Passage to India," (1943) ed. Malcolm Bradbury, *E. M. Forster: A Passage to India* (London: Macmillan 1970) 77~92면, 특히 80면을 참조.

94 권위 및 변화와 관련해서 시간에 대한 인도의 전통적 개념을 자세하면서도 탁월하게 분석한 다음 글을 보라. Madhav Deshpande, "History, Change and Permanence: A Classical Indian Perspective," ed. Gopal Krishna, *Contributions to South Asian Studies*, 1권 (New Delhi: Oxford University Press 1979) 1~28면.

95 Mircea Eliade, eds. Wendell C. Beane and William G. Doty, *Myths, Rites, Symbols*, 1권 (New York: Harper Colophon Books 1976) 5면.

96 Jürgen Habermas, "Moral Development and Ego Identity," *Communication and the Evolution of Society*, tr. Thomas McCarthy (London: Heinemann 1979) 69~94면.

97 심리학적인 관점에서 이러한 태도를 간략하게 논의한 나의 *Alternative Sciences: Creativity and Authenticity in Two Indian Scientists* (New Delhi: Allied Publishers 1980) 1장을 보라.

98 간디가 아동과 아동 양육에 관한 인도적 관념에 원죄개념과 유사한 어떤 것을 도입한 것은 실천 차원에서였다. 그렇게 아동에 관한 인도의 전통 관념(카카르Sudhir Kakar의 "Childhood in India: Traditional Ideals and Contemporary Reality," *International Social Science Journal*, 1979, 31(3), 444~56면 참고)을 왜곡하지 않고서도 간디가 개인적으로 공적인 영역에서의 세바(sevā, 봉사)라는 개념과, 인도의 고급문화에서 거의 자리가 없는 생의 상황에 대한 개입이라는 관념을 그토록 중요하게 부각할 수 있었을지는 쉽게 결론지을 수 없는 심리적 문제다. 간디가 말하는 세바는 핵심에 있어서 배상적 개념이다. 그 개념은 간디 자신의 경험에서 비롯된 것으로서 부분적으로는 그 자신의 오이디푸스적 갈등에 대한 서구식 해법을 뒷받침했다. 그 결과 간디는 정치적·사회적 일에 대한 자신의 개념을, 죄 많은 아동이라는 비인도적인(un-Indian) 개념에 의거해 구축했다. 즉 아동의 죄는 성인이 되어서 공적 봉사라는 배상적 제스처를 통해서만 속죄받을 수 있다는 것이었다. Erickson의 *Gandhi's Truth*를 보라.

99 Ellmann, "The Critic as Artist as Wilde," 30면.

제2장 식민화되지 않은 정신: 인도와 서구에 대한 탈식민주의적 관점

1 *The Strange Ride of Rudyard Kipling* (New York: Viking 1977) 1면.

2 Edmund Wilson, "The Kipling that Nobody Read," in ed. Andrew Rutherford, *Kipling's Mind and Art: Selected Critical Essays* (Stanford, California: Stanford University Press 1964) 17~69면, 특히 18면을 보라.

3 Edmund Wilson, "The Kipling that Nobody Read," Angus Wilson, *The Strange Ride*, 3면.

4 앞의 책 4면.

5 *Something of Myself, For My Friends, Known and Unknown* (New York:

Doubleday and Doran 1937) 5면.

6 Angus Wilson, 앞의 책 11면.

7 앞의 책 32면.

8 "Some Childhood Memories of Rudyard Kipling," *Chambers Journal*, Eighth Series, VIII (1939) 171면, Edmund Wilson, "The Kipling that Nobody Read" 20면에서 재인용.

9 Edmund Wilson, "The Kipling that Nobody Read," 20면. 이 대목을 보면 윌슨(Edmund Wilson)은 영국에 대해서도 인도만큼 매혹적으로 쓸 수 있다는 것을 알 수 있다.

10 이에 관해서는 K. Bhaskara Rao, *Rudyard Kipling's India* (Norman: University of Oklahoma 1967) 23~24면을 보라.

11 Edmund Wilson, "The Kipling that Nobody Read".

12 반대상이라는 개념은 물론 에릭슨(Erik Erikson)에게서 빌린 것이다. 특히 *Young Man Luther* (New York: Norton 1958)를 보라.

13 Edward Said, *Orientalism* (London: Routledge and Kegan Paul 1978).

14 나는 여기서 비서구적으로 되는 것의 거부와 서구적인 것을 동치시키는 데 기여하는 그 논리적·도덕적인 속임수에 주목하게끔 할 필요는 없을 것이다.

15 K. Venkata Ramanan, *Nāgārjuna's Philosophy, As Presented in the Mahā-Prajñāpāramitā Śāstra* (Delhi: Motilal Banarsidass 1978).

16 나는 사회과학자로서 교육받았고, 최근에서야 이 두 용어에 많은 의미가 있음을 알게 됐다. 나는 베네딕트(Ruth Benedict)가 *Patterns of Culture* (Boston: Houghton Mifflin 1934)에서 그 용어에 부여한 의미만을 염두에 두었다.

17 T. K. Mahadevan, *Dvija* (New Delhi: Affiliated East-West Press 1977) 118~19면.

18 Forster는 *A Passage to India* (London: Arnold 1967)에서 과감하게도 식민주의적 문화를 이런 분리에 대한 설명으로 제시하는데, 그 점에서 그의 설명은 파농이 *The Wretched of the Earth*에서 제기한 주장의 희석된 판본이다.

19 "Tradition and Law in India," ed. R. J. Moore, *Tradition and Politics in South Asia* (New Delhi: Vikas 1979) 32~59면, 특히 34~35면을 보라.

20 Venkata Ramanan, *Nāgārjuna's Philosophy*, 39면.

21 *Gītā* 16장, *Ślokas* 13~15장. 인용한 책은 *Bhagavad-Gītā*, tr. Swami Prabhavananda and Christopher Isherwood (Madras: Sri Ramakrishna Math 1974) 240면.

22 라노이(Richard Lannoy)는 그 동학의 일부를 자신의 저작 *The Speaking Tree: A Study of Indian Culture and Society* (London: Oxford University Press 1975) 256면에서 파악한 것으로 보인다. 그는 "전통사회의 관점에서 보면 서구화는 크샤트리아화(Kshatryaization)의 연장이었다"고 썼다.

23 *Economic and Philosophic Manuscripts of 1844* (Moscow: Progress Publishers 1974) 135면.

24 V. G. Kiernan, *The Lords of Human Kind: European Attitudes to the Outside World in the Imperial Age* (Harmondsworth: Penguin 1972) 71면. 강조는 내가 했다.

25 D. D. Kosambi, *Myth and Reality* (Bombay: Popular Prakashan 1962) 17면.

26 사실 이런 논점은 예컨대 라다크리슈난과 차토파디야야의 저작을 비교함으로써 말끔하게 보여줄 수 있다. 그 두 견해는 기이한 방식으로 서로를 구속하는 대립항으로 볼 수 있다. 특히 다음 글들을 보라. S. Radhakrishnan, *Indian Philosophy*, 1권 (Bombay: Blackie 1977); *The Hindu View of Life* (London 1926); D. P. Chattopadhyaya, *Lokāyata: A Study in Ancient Indian Materialism* (New Delhi: People's Publishing House 1973)과 *What is Living and What is Dead in Indian Philosophy* (New Delhi: People's Publishing House 1977). 롤랜드(Alan Roland)는 곧 출간되는, 인도인의 성격 유형에 관한 아직 제목을 붙이지 못한 저작에서 정신적인 것, 가족적인 것, 개별화된 것의 세가지 요소로 나뉜 자아라는 관점에서 이 상보성을 다룬다. 거기에는 문화적인 것과 심리적인 것 간의 구조적 대응관계(isomorphism)이 존재한다.

27 Nirad C. Chaudhuri, *The Continent of Circe* (London: Chatto and Windus 1965); V. S. Naipaul, *An Area of Darkness* (London: André Deutsch 1964)과 *India: A Wounded Civilization* (London: André Deutsch 1977).

28 Chaudhuri, *The Continent of Circe*, 5장.

29 그런 사실은 특히 다음 두가지 이유 때문에 주목에 값한다. 첫째, 그가 정치생활 초창기에 알게 된 많은 지인들뿐만 아니라 그가 존경해 마지않았던 수바스찬드라 보스 같은 젊은 정치 지도자들이 인도에서 영국을 몰아내기 위해서 독일과 일본의 도움을 받고자 했다. 이 젊은 지도자들의 대다수는 오로빈도의 초기 정치적 이데올로기와 행적에서 깊은 영향을 받았다. 둘째, 그는 연합군에 의해 그 전쟁의 승리가 오용될 가능성을 철저하게 인식하고 있었다. 그의 요가를 통한 전쟁 개입에 대해서는 Sri Aurobindo, *On Himself* (Pondicherry: Sri Aurobindo Ashram 1972) 38~39, 393~99면을 보라. 388면에서는 레닌과 러시아 혁명에 대한 논평을 볼 수 있는데, 오로빈도 자신은 과도하게 구체적인 관점에서 '세계의 힘'에 대한 요가적 개입을 생각하지 않았던 것으로 보인다.

30 Sisirkumar Mitra, *The Liberator: Sri Aurobindo, India and the World* (Delhi: Jaico 1954) 24면. 또한 Satprem, *Sri Aurobindo or The Adventure of Consciousness*, tr. Tehmi (Pondicherry: Sri Aurobindo Ashram 1968) 1장을 보라.

31 Niradbaran, *Sri Aurobindāyan* (Calcutta: Sri Aurobindo Pathmandir 1980) 3rd edition, 17면.

32 그들 가운데 오직 한 사람만이 오로빈도를 칭송하는 글 모음(hagiography)에서 오로빈도가 외할아버지 외에는 친척 중 그 누구도 별로 신경 쓰지 않았다는 예리한 증언을 남겼다. Pramodkumar Sen, *Sri Aurobindo: Jivan o Yog* (Calcutta: Sri Aurobindo Pathmandir 1977) 9~10면.

33 오로빈도의 이 말은 K. R. Srinivasa Iyengar, *Sri Aurobindo* (Calcutta: Arya Publishing House 1950) 15면에서 인용했다.

34 Mitra, *The Liberator*, 25면.

35 시에 대한 그의 관심은 지속됐는데, 오로빈도의 가장 독창적인 작품은 20대에 쓰기 시작하여 죽기 직전에 완성한 영문 서사시 "Savitri"였다. 오로빈도는 자신을 최우선적으로 시인이라고 생각했다. Niradbaran, *Sri Aurobindāyan*, 40면.

36 Aurobindo, *On Himself*, 7면. 오로빈도가 딜리프에게 보낸 편지

(1935)는 Srinivasa Iyengar, *Sri Aurobindo*, 19면에서 인용.

37 Aurobindo, *On Himself*, 20면.

38 그는 이 점에서 외가쪽 전통의 도움을 받았는데, Raj Narayan Bose는 힌두 민족주의의 일부 교의를 앞서 주장한 인물이다. 더불어 그는 예측하기 힘든 아버지의 다른 면모에도 도움을 받았다. 크리슈나단은 자식들에게 용돈을 보내는 일은 종종 소홀했을지라도, 영국의 아들들에게 캘커타에서 발행되는 민족주의적 잡지를 보내는 일은 거르지 않았다. 게다가 영국의 억압을 설명하는 대목에는 밑줄까지 쳐져 있었다.

39 Mitra, *The Liberator*, 26면.

40 같은 책 34면.

41 므리날리니(Mrinalini)의 아버지가 쓴 제목 없는 그 글의 일부는 *Sri Aurobinder Patra*, *Mrinalinike Likhita* (Pondicherry 1977)의 첫 확장판 31~35면, 특히 33면에 실렸다.

42 Mitra, *The Liberator*, 37면.

43 *Sri Aurobinder Patra*. 그것은 오로빈도가 어머니로 개념화한 국가인가, 아니면 그의 인도에 대한 개념을 통해 표현된 그저 보다 원초적인 어머니상이었는가? '세계의 멈추지 않는 순환 속에서 그 영원한 움직임을 올바른 경로로 움직이게 하는 바퀴인 무한 에너지는 영원으로부터 쏟아져나와 세계의 바퀴를 굴린다. 이 무한 에너지가 바바니(Bhavani) 신이며 두르가(Durga) 신이다. 그것은 또한 칼리 신이고 사랑받는 라다(Rhada)이자 락슈미(Lakshmi) 신이다. 그녀는 우리의 어머니이며 우리 모두의 창조자다. 오늘날 그 어머니는 힘의 어머니로 나타난다. Aurobindo in *Bhavānī Mandir*, tr. Mitra, *The Liberator*, 48면.
그 시대의 맥락에서 오로빈도의 정치 이데올로기를 잘 해명하는 글로는 Haridas and Uma Mukherji, *Sri Aurobindo's Political Thought: 1893-1908* (Calcutta: Firma K. L. Mukhopadhyay 1958)가 있다.

44 오로빈도는 한때 자랑스럽게 다음과 같이 말했다. "마라타인과 구자라트인은 중요한 이야기를 할 때 영어를 사용한다. 그럴 때 벵골인은 벵골어를 사용한다. (…) 영어는 꾸준하게 벵골 지방에서 쫓겨나고 있다. 곧 영어는 우리의 대화에서 숨어지게 될 것이다." *Indu Prakās*, 23 July 1894, Mitra, *The Liberator*, 47면에서 인용.

45 그는 후에 수감생활과 재판 과정을 우아하고 재치 있는 벵골어

로 쓰게 된다. 그 글은 압박받고 있던 인도에서 행해진 영국의 사법 제도에 대한 뛰어난 사회학적 연구이기도 하다. Aurobindo Ghose, "Kārākāhinī," in *Bāṅglā Racanā* (Pondicherry: Sri Aurobindo Ashram 1977), 257~314면.

46 *On Himself*, 68면; Aurobindo, "Kārākāhinī"; Niradbaran, Sri Aurobindāyan.

47 사람들은 오로빈도가 그 두 자질을 이전부터 보유하고 있으면서도 그것들의 위협적이지 않은 의미를 새로이 발견했다고 생각했다.

48 Aurobindo, *On Himself*, 89면.

49 오로빈도는 물론 무죄 판결을 기대했다. "그는 자신이 무죄 판결을 받으리라는 것을 내면으로부터 확신했고, 그렇게 되리라는 것을 알고 있었다." *On Himself*, 32면.

50 오로빈도는 자신의 정신주의가 "금욕적인 은거나 세속적인 것에 대한 혐오나 경멸과는 아무런 관련이 없다"고 분명히 밝혔다. *On Himself*, 430면.

51 Aurobindo, *On Himself*, 445면. Sri Aurobindo, *The Mother* (Sri Aurobindo Ashram 1928, republished 1979).

52 벵골 독자들은 그러한 상투적 표현에 대한 세카르 보스(Raj Sekhar Bose)의 지독한 풍자를 기억할 것이다. "Biriñcibābā," *Kajjalī* (Calcutta: M. C. Sarkar and Sons 1968~69) 10th edition, 1~37면.

53 Aurobindo, *On Himself*, 460면.

54 Niradbaran, *Sri Aurobindāyan*; Aurobindo, *On Himself*, 460면.

55 Aurobindo, *On Himself*, 450면.

56 초인에 대한 이런 생각은 니체적 세계관과는 아무런 관련이 없다. 오로빈도의 초인은 의식의 진화를 진전시키는데, 그 지향 면에서는 보다 보편적이고, 영적 성취를 통해 세계를 변화시키는 능력면에서는 보다 강력하다.

57 Claude Alvares, "Sri Aurobindo, Superman or Supertalk?" *Quest*, January–February 1975(93) 9~23면 그리고 10~11면. 알바레스는 지역 사람들과 아슈람에 고용된 사람들의 아슈람에 대한 적대적 태도에 대해 짧지만 생생한 묘사를 제공한다. 그러나 그는 적대적 태도를 유발한 기원을 오로빈도의 철학에 두었다. 그는 오로빈도의 철학을 학문적

인 철학의 관점에서 평가했다.

58 Aurobindo, *On Himself*, 458면.

59 같은 책 458면.

60 Aurobindo, *The Mother*, 24면.

61 사회에서 문화의 역할에 대한 아도르노의 입장과 비교하라. *Minima Moralia*, tr. E. F. N. Jephcott (London: NLB 1977) 43~44면. 블로흐 (Ernst Bloch)의 입장은 *On Karl Marx* (New York: Herder and Herder 1971)를 보라. 이 입장은 블로흐를 다룬, 하워드(Dick Howard)의 *Marxian Legacy* (London: Macmillan 1977) 4장에서 보다 분명하게 규명된다. 까브랄(Amilcar Cabral)은 "National Liberation and Culture," *Return to the Source: Selected Speeches* (New York: Monthly Review Press 1973) 39~56면, 39~40면에서 이 주장을 정확히 근대 식민주의라는 맥락에 위치지운다.

"괴벨스(Göbbels)는 (…) 문화가 논의되는 것을 듣고는 권총을 빼들었다. 그러한 사실은 제국주의와 지배에 대한 갈망을 가장 비극적으로 드러냈던 나치가, 문화에는 외국 지배에 대한 저항의 가치가 있다는 것을 분명하게 인식했음을 보여 준다. (…) 이러한 지배의 물질적인 측면이 어떠하든 간에 지배는 관련된 사람들의 문화적 삶에 대한 영구적이고 조직화된 억압에 의해서만 유지될 수 있다."

"제국주의적이냐 여부와 상관없이 외국 지배는 둘 중 하나를 선택하게 된다."

"피지배 국가의 모든 인구의 유산을 실질적으로 청산함으로써 문화적 저항의 가능성을 제거하거나, 아니면 피지배 국가의 문화에 타격을 주지 않고 지배문화를 강제하는 데 성공함으로써 그들에 대한 경제적·정치적 지배를 그들의 문화적 개성과 조화시키는 것이다."

이 책의 제1장은 이 과정에 대한 자세한 분석이다.

62 서구적인 맥락에서 유미주의자로서 시와, 점잖은 주류사회에서는 포즈잡기(posing)로 통용되는 광대짓에 몰두했던 오스카 와일드는 이 점을 이해했을 것이다. 그는 시인으로서 시의 대상을 그 실제 모습과 다르게 노래했고, 연기하는 광대(poseur)로서는 기존하는 일상에 도전했다. 와일드는 그 점에도 불구하고, 가 아니라 바로 그 점 때문에 비평가였다. Richard Ellmann, "The Critic as Artist as Wilde," *Encounter*,

July 1967, 29~37면을 보라. 와일드는 진부함이 반혁명적이라고 한 블로흐의 믿음을 실제로 구현했을 따름이었다.

63 이는 루카치(George Lucacs)에게서 인용한 문장처럼 들린다. 그러나 그것은 인간의 곤경에 대해 고통받는 자의 해석을 문화나 시간 외부에 두려는 시도가 아닌 것은 틀림없다. 맑스주의적인 틀 안에서 찾자면, 그 정식화는 그람시(Antonio Gramsci)의 저작에 대한 몇몇 독해와 더욱 가깝다.

64 마다브 데슈판데(Madhav Deshpande)의 분석을 약간만 확대함으로써 여기서의 종합(synthesis)이라는 관념은 베단타와 미맘사(Bhaṭṭa Mīmāṁsā) 철학 유파가 상위 인식(a higher order of cognition)이라고 부른 것으로 전환될 수 있다. 상위 인식은 이전의 타당한 인식을 거짓된 것으로 밝힐 수 있다. 데슈판데의 "History, Change and Permanence: A Classical Indian Perspective," in ed. Gopal Krishna, *Contributions to South Asian Studies* (New Delhi: Oxford University Press 1979) 1~28면, 특히 3면을 보라

65 Aimé Césaire, *Discourse on Colonialism*, tr. Joan Pinkham (New York: Monthly Review Press 1977) 29면에서 인용. 강조는 원문의 것이다.

66 인도인 중에서 그러한 생각을 드러낸 경우는 다음과 같다. Rammohun Roy, ed. Kalidas Nag and Debojyoti Burman, *The English Works*, 1~4권 (Calcutta: Sadharon Brahmo Samaj 1945~48); Bankimchandra Chatterji, *Racanāvalī*, 1·2권 (Calcutta: Sahitya Samsad 1958); Swami Vivekananda, *Prācya o Pāścātya* (Almora: Advaita Ashrama 1898); Nirad C. Chaudhuri, *The Autobiography of an Unknown Indian* (London: Macmillan 1951). 이들 중 람모훈 로이와 뱅킴찬드라 차터르지는 이런 분류에 딱 들어맞지는 않는다. 특히 전자는 과학과 역사 그리고 진보에 관한 관념을 인도 전통 안으로 끌어들여 비판의 힘으로 삼는다는 발상이 가능했던 시기에 살았다. 그는 근대성이 세계를 장악하고 비근대적인 서구뿐만 아니라 모든 비근대적인 문화를 주변화하는 시기를 상상조차 할 수 없었다. 그는 문화적으로 보다 자기확신에 넘치던 시대의 산물이었다. 같은 주장은 조금 덜한 정도로 차터르지에게도 적용할 수 있다. 까브랄은 아프리카의 상황에서 유사한 감정을 표현했다. 그의 글 "Identity and Dignity in the Context of National Liberation

Struggle," *Return to the Source*, 57~69면.

67 나는 한때 인도의 두 과학자와 그들의 자생적인 과학적 창의성 모델을 연구한 바 있다. 그 중 스리니바사 라마누잔(Srinivasa Ramanujan) 은 첫번째 범주에 속하며, 자가디스 찬드라 보스(Jagadis Chandra Bose)는 두번째 범주에 포함된다. 그 연구서를 쓸 당시 나는 주로 라마누잔에게 공감했는데 그는 근대 세계로부터 보호될 필요가 있는 것처럼 보였다. 그는 근대 세계에 덜 오염됐지만 바로 그 때문에 근대 세계에 대해 무지했던 반면, 예민한 지성의 촉수를 가진 보스는 적어도 자신의 길을 헤쳐나갈 수 있었다. 하지만 나는 더이상 이 판단을 확신하지 못한다. 이제 나는 라마누잔이 결국에는 그토록 약하지 않았다는 것을 알게 됐고, 보스도 진정성을 심하게 결여한 것은 아니었다. 그가 자신의 과학을 통해 다룬 문화적 문제들은 실제적이고 긴박한 것이었다. 또한 그 역시 약한 존재였다. 가차없는 근대 과학의 세계와 타협해가면서 자신의 길을 가는 동안, 그는 경계의 인간이 타당한 진짜 이방인에게 대립할 때 불러일으키는 적대적인 태도에 대처해야 했다. Ashis Nandy, *Alternative Sciences: Creativity and Authenticity in Two Indian Scientists* (New Delhi: Allied Publishers 1980).

68 "The Quest for Hinduism," *International Social Sciences Journal*, 1977, 19(2), 261~78면. 그런 열려 있고 유동적인 문화적 자기정의에 대응하는 심리적 현상이 매리어트(Mckim Marriott)가 말하는 자아의 '액체적' 현실(liquid reality)이다. Mckim Marriott, "The Open Hindu Person and Interpersonal Fluidity". 1980년 아시아연구협회(Association of Asian Studies)의 연례학술행사에서 발표한 미출간 논문.

69 Rabindranath Tagore, *Rabindra Racanāvalī* (Calcutta: West Bengal Government 1961) 1~350면.

70 이 책의 제1장을 보라. 또한 내가 쓴 "Psychology of Communalism," *The Times of India*, 19 February 1978; "Relearning Secularism," *The Times of India*, 20~22 February 1981을 보라.

71 E. D. Genovese, *Roll, Jordan, Roll: The World the Slaves Made* (New York: Pantheon 1970); Frantz Fanon, *The Wretched of the Earth*.

72 이 지도자들은 부분적으로 인도의 무비판적인 전통의 문제점에 대처했다. 그 문제는 다음 책이 제기한 바 있다. Pratima Bowes, *The Hindu*

Intellectual Tradition (New Delhi: Allied Publishers 1977).

73 Richard Lannoy, *The Speaking Tree*, 400~07면; Geoffrey Ashe, *Gandhi: A Study in Revolution* (London: Heinemann 1968) 286면; Glorney Bolton, ed. Francis Watson and Maurice Brown, *Talking of Gandhi* (London: Longmans, Green 1957) 58~59면. 강조는 원문의 것이다.

74 Lannoy, *The Speaking Tree*, 404~05면.

75 Philip Spratt, *Hindu Culture and Personality* (Bombay: Manaktalas, 1966).

76 예를 들면 마하바라타에서의 크리슈나의 정치적·사회적 선택은 전적으로 이러한 노선에 따라 해석하는 것이 가능하다. 아마도 가장 중요한 단서는 브라만을 유지하고 보호해야 한다는 전통적인 책임과 오로빈도와 같은 출가자에게 부여된 규범적인 창조성에 대한 책임이다. 이에 관해서는 Louis Dumont, *Homo Hierarchicus* (London: Weidenfeld and Micolson 1970)를 보라.

77 "Īśopaniṣad," in ed. Atulchandra Sen, *Upaniṣad* (Calcutta: Haraf 1972) 130~55면. 특히 138면.

78 최초로 유대인 수용소를 대면한 정신과 의사 코언(Elie Cohen)도 자신이 이와 유사한 분열에 의존한다는 것을 알게 됐다. Elie Cohen, *Human Behaviour in the Concentration Camp*, tr. M. H. Braaksma (New York: Norton 1953) 116면, Terence Des Pres, *The Survivor: An Anatomy of Life in the Death Camp* (New York: Oxford University Press 1976) 82면에서 재인용. 자아의 본질적 구성요소라는 관념은 고프먼(Erving Goffman)의 것이다. 그 관념은 이 책의 분석에서 활용됐으며, 보다 느슨하게 규정된 인도성의 핵심이라는 관념과 유사한 의미를 띠고 있다. Erving Goffman, *Goffman's Asylums: Essays on the Social Situation of Mental Patients and Other Inmates* (Chicago: Aldine 1962) 39면을 보라. 고프먼은 이 과정 전체를 '2차적 적응'이라고 부른다. 거기에는 전일적인 기관이나 상황에 짓눌린 자아라는 관념에 대한 부정을 포함한다.

79 Des Pres, *The Survivor*, 99면.

80 Ananda K. Coomaraswamy, "On the Indian and Traditional Psychology, or Rather Pneumatology," *Selected Papers, vol.2: Metaphysics*, ed.

Roger Lipsey (Princeton: Princeton University Press 1977) 333~78면, 특히 365면과 377면.

81 Halina Birenbaum, *Hope is the Last to Die*, tr. David Welsh (New York: Twayne 1971) 103면, Des Pres, *The Survivor*, 87면에서 인용.

82 Gita Sereny, *Into That Darkness* (New York: McGraw-Hill 1974) 183면.

83 *Stalky's Reminiscences* (London 1928) 30~31면, Edmund Wilson, "The Kipling that Nobody Read," 22면에서 재인용.

84 인도의 이슬람 교단이 언제나 자신들의 정체성을 잃을까봐 두려워했다는 것은 흥미 있는 사실이다. 인도의 이슬람교는 통치술이나 군사력 면에서는 힌두교에 대항할 수 있다는 확신을 지배적인 이데올로기로 유지해왔다. 그들이 두려워한 것은 서서히 최면적인 힘을 발휘하여 진정시키는 일상의 힌두교에게 압도당하거나 포섭되는 가능성이었다. 민속적인 이슬람교는 민속적인 힌두교와 상당한 정도로 세계관을 공유했기 때문에 이런 가능성을 결코 두려워하지 않았다.

85 Goffman, *Asylums*.

86 Cabral, "National Liberation and Culture," 43면.

87 Thomas S. Szasz, *The Second Sin* (London: Routhledge and Kegan Paul 1974) 20면.

88 만약 정신병자의 감금과 범죄자의 감금 모두 게으른 자, 즉 근대 산업노동의 억압에 도전한 사람들의 감금과 연관되어 있다는 푸꼬의 정식화를 기억한다면 끝의 두 대립항이 별개의 것이 아닌 것으로 볼 수도 있다. Michel Foucault, *Madness and Civilization: A History of Insanity in the Age of Reason*, tr. Richard Howard (London: Tavistock 1971) 2장과 *Discipline and Punish*, tr. Alan Sheridan (Harmondsworth: Penguin 1978) 특히 3장을 보라. 싸스(Szasz)는 *The Second Sin*, 89면에서 다음과 같이 쓰고 있다.

"정신질환자로 분류된 사람들에는 근본적으로 다른 두 유형이 존재하지만, 정신과 의사들은 그 두 유형을 체계적으로 뭉뚱그리고 뒤섞는다. 한 유형은 기술이 없고 게을러 사회생활에 어울리지 않은 이들로서 간단히 말해 (이 용어가 얼마나 상대적이든 간에) 부적응자들이다. 다른 유형은 항의자나 혁명가로서 그들은 친척이나 사회를 상대로 파업을 벌이는, 간단히 말해 비협조적인 사람들이다."

"이 두 집단을 구분하지 않기 때문에 정신과 의사들은 종종 부적응을 비협조로, 혹은 비협조를 부적응으로 간주하곤 한다."

사항 찾아보기

친밀한 적
식민주의하의 자아 상실과 회복

초판 1쇄 발행/2015년 7월 31일

지은이/아시스 난디
옮긴이/이옥순·이정진
펴낸이/강일우
책임편집/이진혁
펴낸곳/(주)창비
등록/1986년 8월 5일 제85호
주소/413-120 경기도 파주시 회동길 184
전화/031-955-3333
팩시밀리/영업 031-955-3399 편집 031-955-3400
홈페이지/www.changbi.com
전자우편/human@changbi.com